CW01183163

Casa Dolig

Cyflwynedig i'm teulu a'm ffrindiau

Diolchiadau

Hoffwn ddiolch i'r canlynol:
Marred Glynn Jones a phawb yng Ngwasg y Bwthyn am eu cefnogaeth barod; Kristina Banholzer, y ffotograffydd, am ei hamynedd a'i chreadigrwydd; Olwen Fowler am ddylunio'r llyfr mor fendigedig; Anti Alwena am adael i mi ddefnyddio'i rysáit tsytni, a Peris a Leri am eu ryseitiau hwythau; pawb o'm teulu a'm ffrindiau sydd wedi bod mor barod i flasu a mynegi eu barn yn onest; a diolch yn bennaf i Andrew am wrando, cario'r siopa, blasu, golchi llestri, a bod yna i mi drwy gydol fy nhaith yn creu'r gyfrol hon.

Hawlfraint
© Rhian Cadwaladr
© Gwasg y Bwthyn, 2023
ISBN: 978-1-913996-77-2

Cedwir pob hawl.
Ni chaniateir atgynhyrchu unrhyw ran o'r cyhoeddiad hwn na'i gadw mewn system adferadwy, na'i drosglwyddo mewn unrhyw ddull, na thrwy unrhyw gyfrwng, electronig, electrostatig, tâp magnetig, mecanyddol, ffotogopïo, recordio, nac fel arall, heb ganiatâd ymlaen llaw gan y cyhoeddwyr.

Cyhoeddwyd gyda chymorth ariannol Cyngor Llyfrau Cymru

Dylunio: Olwen Fowler
Llun y clawr: Kristina Banholzer
Lluniau mewnol: Kristina Banholzer, Rhian Cadwaladr

Cyhoeddwyd gan
Gwasg y Bwthyn
post@gwasgybwthyn.cymru
www.gwasgybwthyn.cymru

Casa DOLIG

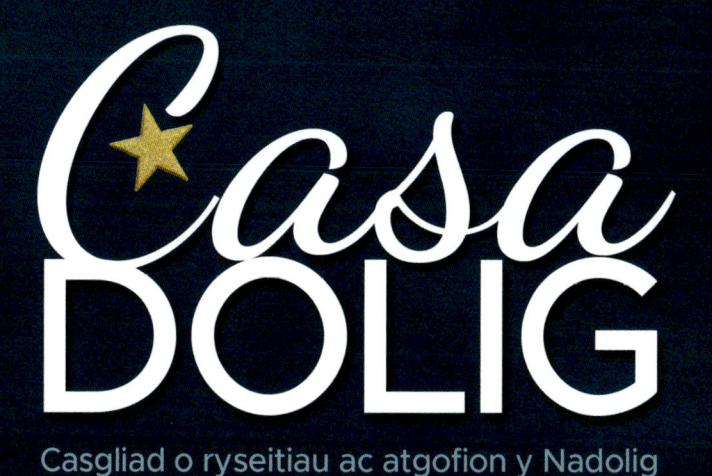

Casgliad o ryseitiau ac atgofion y Nadolig

Rhian Cadwaladr

CYNNWYS

Brecwast / Pryd ysgafn / Cwrs cyntaf

tud. 10   Uwd dros nos yn y coginiwr araf (*slow cooker*)
12   Granola Dolig
14   Crempogau efo cig moch a surop masarn (*maple syrup*)
16   Compot ffrwythau efo iogwrt
18   *Clafoutis* ffigys, oren ac almonau
20   Grawnffrwyth efo sieri a siwgr brown
22   Wyau wedi'u sgramblo efo eog mwg (*smoked*)
24   Brechdan siocled
26   *Quiches* bach cyflym
28   Wyau Cymreig (*Scotch eggs* llysieuol)
30   Cawl madarch a tharagon
32   Cawl tomato a ffa menyn (*butterbeans*)
33   Cwpanau bach sawrus
34   Coctêl corgimychiaid (*prawns*)
36   *Devilled eggs* efo eog mwg (*smoked*)
38   Madarch a chaws ar dost
40   *Croque madame*

Prif gwrs

44   Cinio Dolig: twrci, stwffin, torth stwffin, tatws rhost, sosejys bach mewn cig moch, cabej coch, pannas mewn surop masarn (*maple syrup*) neu fêl, sbrowts efo *pancetta/chorizo*, pwdin Efrog, grefi; saws llugaeron (*cranberries*) efo oren a phort
60   *Borek* Nadoligaidd
62   Torth gnau efo grefi madarch a gwin coch

64	Grefi madarch		**Pobi**
65	*Satay* twrci	128	*Lebkuchen*
66	Ham wedi'i rostio efo mwstard a marmalêd	129	Pobol sinsir
68	Pei Dolig	130	*Stollen*
70	Pei eog	132	Boncyff siocled efo eisin caws meddal
72	Pei twrci a ham	134	Cacen siocled *Bundt* efo blawd gwenith yr hydd (*buckwheat*)
74	Cyrri twrci a saws llugaeron	136	Mins peis
76	Pasta efo saws caws	137	Mins peis siocled
78	Torch rholiau sosej efo tsytni dêts (*date chutney*) ac afalau	138	Mins peis efo haen o grymbl
82	Salad bitrwt, cnau Ffrengig a chaws glas	140	Cacen Dolig
84	Salad gellyg, cnau Ffrengig a chaws glas	142	Cacen Dundee efo briwfwyd melys (*mincemeat*)
86	Cacennau pysgod efo saws tartar	144	Torth fanana, almonau a chnau Ffrengig
		146	Cacen sinsir
	Pwdin	147	Cacennau cri afalau
91	Pwdin Dolig	148	Byns melys siâp Coeden Dolig
92	Pwdin Eryri	150	Cacen dêts (*dates*) ac afalau
95	Pwdin llugaeron a blawd gwenith yr hydd, a menyn toddi Cointreau		**Anrhegion Bwytadwy**
98	Pwdin gellyg a siocled	154	Tsytni bricyll a gellyg (*apricot and pear chutney*)
100	Pwdin bara *panettone*	156	Nionod picl
101	Crymbl ben i waered	158	Briwfwyd (*mincemeat*) almonau ac oren
102	Cobler	160	Jeli mwyar duon
104	*Roulade* ceuled lemwn	162	Menyn afalau
106	Torch *pavlova*	164	Bisgedi pwdin Dolig
108	Tarten oren a siocled	165	Bisgedi caws
110	Cacen gaws lemwn a sinsir	166	Menyn
112	Cranachan	168	Teisennau Berffro (*shortbread*) siwgr brown a menyn hallt
114	Treiffl Mam	170	*Rocky road*
116	Potiau bach o siocled oren	171	Taffi triog
117	Syllabub	172	Cyffug
118	Poset clementin	174	Taffi cnau mwnci (*peanut brittle*)
120	Gellyg mewn gwin gwyn efo hufen Chantilly	176	Da-da cornfflêcs a menyn cnau mwnci (*peanut butter*)
122	Ffigys wedi'u rhostio mewn mêl efo cnau	178	Jin eirin tagu (*sloe gin*)
123	Pinafal wedi'i ffrio efo rym a choconyt		
124	Cwpanau bach siocled		

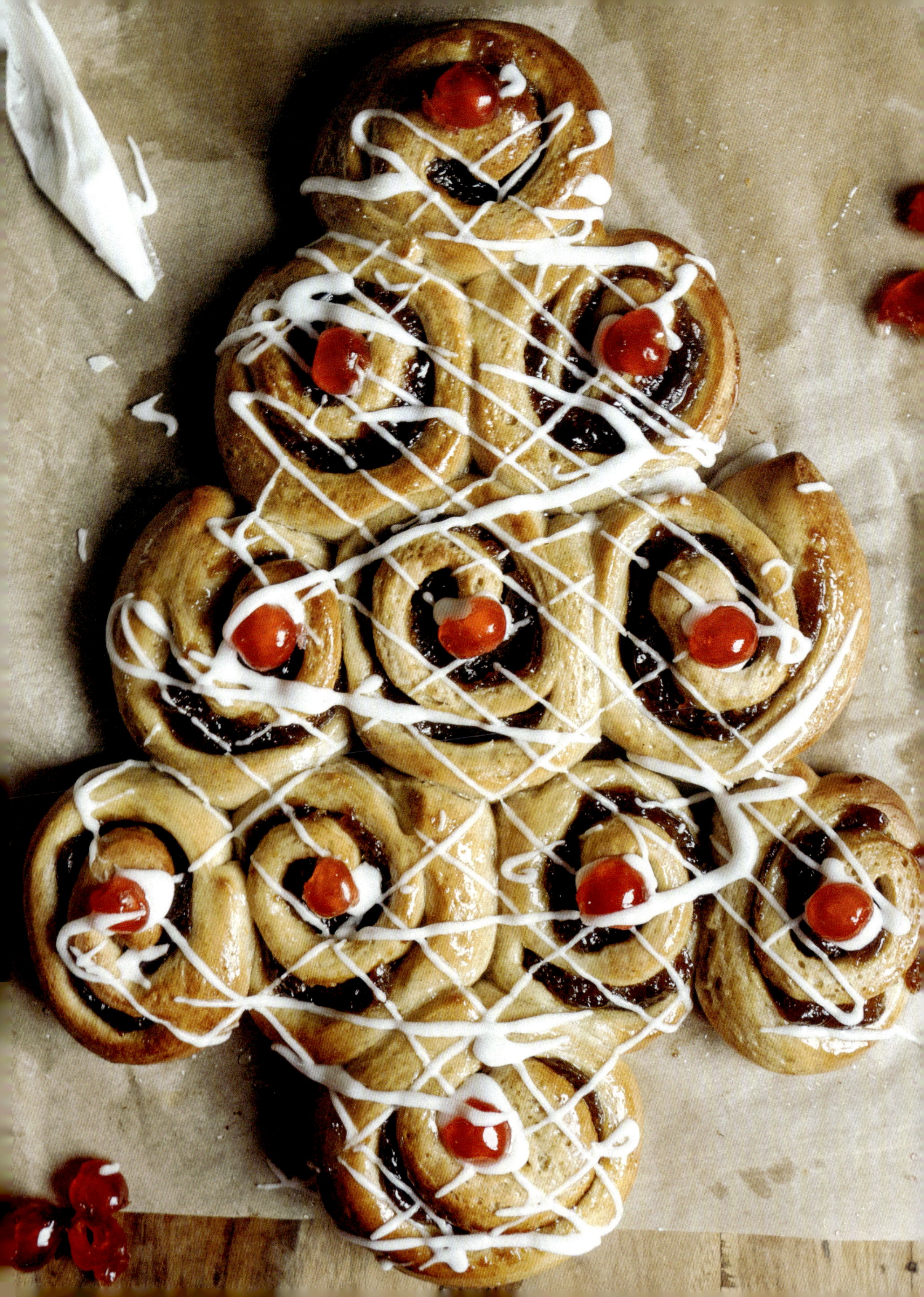

CYFLWYNIAD

Os ydach chi'n un sy'n hoff o fwyd, yna dwi'n siŵr fod y Nadolig yn un o'ch hoff adegau o'r flwyddyn, yn enwedig os ydach chi hefyd yn hoffi coginio. Mae hyn yn sicr yn wir amdana i. Dwi wrth fy modd mewn cegin gynnes yn llawn arogleuon Nadoligaidd – nytmeg, sinsir, clofau, orenau – a'r arogleuon hynny yn dechrau ym mis Tachwedd wrth wneud y pwdin a'r gacen.

Mae'r gwaith o biclo a ballu yn digwydd hyd yn oed ynghynt – tra bo'r cynnyrch yn rhad yn yr hydref. Mi fydda i'n gwneud y jin eirin tagu ddiwedd Medi pan fo'r perthi'n llwythog, a'r tri mis tan y Nadolig yn rhoi cyfle i'r gwirod gael amser i ddyfnhau ei flas a'i felyster. Erbyn canol Rhagfyr mi fydd fy mhantri'n llawn o jariau disglair mewn capiau lliwgar, yn barod i'w rhoi mewn hamperi yn anrhegion, a fy rhewgell yn prysur lenwi efo peis a phwdinau yn barod i fwydo teulu a ffrindiau pan ddônt draw i ddathlu'r ŵyl.

A dyna i chi reswm arall pam dwi mor hoff o'r Nadolig – am ei fod yn adeg i ddod at ein gilydd. Beth sy'n well nag eistedd o amgylch bwrdd sy'n llwythog o ddanteithion yn bwyta, yfed a sgwrsio? A chael y pleser o weld pawb yn mwynhau'r hyn rydach chi wedi'i ddarparu ar eu cyfer – pleserau syml y sylweddolais eu gwerth pan orfu i ni wneud hebddyn nhw yn ystod y Nadoligau dan gyfyngiadau Covid-19.

Yn y gyfrol hon dwi'n rhannu ryseitiau traddodiadol – rhai dwi wedi bod yn eu gwneud ers blynyddoedd – ac ambell un newydd sbon. Ceir yma awgrymiadau ar gyfer prydau'r diwrnod mawr ei hun yn ogystal â'r cyfnod gwyliau yn gyffredinol – o *canapés* i frecwast moethus i'ch cadw i fynd tan ginio hwyr; o anrhegion bwytadwy i brydau sydyn wedi'u gwneud efo sbarion.

Mae'r rhan fwyaf o'r rhain yn bethau y medrwch chi eu gwneud a'u mwynhau rownd y ril a does dim rhaid eu cyfyngu i fis Rhagfyr yn unig, er tydw i ddim yn adnabod neb sy'n bwyta mins peis ym mis Awst!

Mi sylwch fod rhai ryseitiau mewn pwysau *imperial* a rhai mewn metrig. Dwi heb addasu'r rhai *imperial* achos dwi'n gwybod, o wneud gwaith ymchwil, fod rhai'n dal i ddefnyddio ownsys a phwysi, ac eraill, fel fi, yn defnyddio'r ddau. Ddylai hyn ddim bod yn broblem achos mae cloriannau yn nodi'r ddau y dyddiau yma, ond jest rhag ofn dwi wedi cynnwys siart gyfnewid.

Dwi wedi mwynhau dod â'r ryseitiau yma ynghyd. Mae wedi dod â llawer o atgofion yn ôl i mi, ac fel yn fy nghyfrol *Casa Cadwaladr* dwi wedi cynnwys ambell atgof yma. Os ca' i roi un gair o gyngor i chi – darllenwch drwy'r rysáit cyn ei ddechrau.

Nadolig llawen i chi pan ddaw o!

Rhian Cadwaladr

Siart Gyfnewid

Imperial	Metrig	Imperial	Metrig
1/2 owns	15g	8 owns	225g
1 owns	30g	9 owns	255g
2 owns	60g	10 owns	280g
3 owns	90g	11 owns	310g
4 owns	110g	12 owns	340g
5 owns	140g	13 owns	370g
6 owns	170g	14 owns	400g
7 owns	200g	15 owns	425g
		1 pwys	450g

BRECWAST
PRYD YSGAFN
CWRS CYNTAF

UWD DROS NOS
(YN Y COGINIWR ARAF / *SLOW COOKER*)

Brecwast ydi pryd pwysica'r dydd, meddan nhw, ond ar fore mor brysur â bore Dolig – yn enwedig os oes ganddoch chi blant bach – mae amser yn brin. Dwi'n cofio'r dyddiau pan fyddai fy mhedwar plentyn yn fach a'r cyffro y noson cynt: rhoi mins pei a diod o lefrith allan i Siôn Corn, a moronen i Rwdolff wrth gwrs! Ateb cwestiynau di-ri: 'Sut ma' Siôn Corn yn medru mynd i bob man yn y byd mewn un noson?' 'Sut mae o'n mynd i dai sydd heb simnai?' 'Sut mae o'n cofio be' ma' pawb isio?'

Cael trafferth i'w cael nhw i fynd i gysgu wedyn.

'Mam, fedra i'm cysgu!'

'Well i ti fynd i gysgu reit handi neu fydd Siôn Corn ddim yn dod!'

Nôl yr anrhegion o'u cuddfan yn y garej wedyn a thrio'u rhoi yng ngwaelod eu gwlâu heb eu deffro. Ddim yn dasg hawdd, yn enwedig pan dach chi'n trio llusgo beic neu gegin degan i fyny'r grisiau. Mae Peris, fy mab, yn dal i daeru ei fod o wedi gweld Siôn Corn!

Mi ddysgais yn fuan i beidio â rhoi'r anrhegion yn eu lle ar y ffordd i fy ngwely gan i Meilir, y mab hyna, ddeffro tua hanner awr wedi un un tro a gweld ei anrhegion, a dyna ni wedyn, doedd dim cysgu ynddo fo! Gosod larwm i ganu am chwech o hynny ymlaen, a'r plant yn deffro tua hanner awr wedyn. Bedlam wedyn!

Os ydi eich bore Dolig chitha yn un prysur ac os oes ganddoch chi goginiwr araf (slow cooker), beth am arbed rhywfaint o amser drwy roi uwd ynddo jest cyn clwydo? Erbyn y bore mi fydd ganddoch chi uwd hufennog, cynnes yn aros amdanoch.

Digon i 2

Cynhwysion

60g ceirch – y rhai mawr ydi'r gorau (*jumbo rolled oats*)

400ml o lefrith

150ml o ddŵr

pinsiad o halen

Dull

- Rhowch bopeth mewn powlen sy'n ffitio yn y coginiwr araf efo plât ar ei phen.
- Rhowch ddŵr yn y peiriant hyd at ddwy ran o dair i fyny'r bowlen, a chaead ar ei ben.
- Trowch y peiriant ymlaen ar y gwres isaf.
- Gadewch iddo goginio dros nos.
- Rhowch dro da i'r uwd ac ychwanegu mwy o lefrith neu hufen (pam lai, mae hi'n Ddolig!).
- Rhannwch rhwng bowlenni ac ychwanegu siwgr brown, mêl, surop masarn (*maple syrup*) neu surop *agave*. Gallwch ychwanegu banana, compot (*compote*, tud 16), ffrwythau ffres neu ffrwythau sych at eich dant.

GRANOLA DOLIG

Dyma frecwast y medrwch ei wneud ymlaen llaw a'i addasu at eich dant. Mi fues i'n ddigon lwcus i gael mynd i aros i dŷ gwyliau fy ffrind yn ddiweddar, efo criw o ffrindiau coleg a'u gwŷr. Mi es i â llond jar fawr o'r granola yma efo fi i weld a fyddai'n pasio'r prawf i gael mynd i'r llyfr yma. 'Be' ydi hwn, dwa'?' oedd ymateb rhai o'r dynion – sydd wedi arfer efo brecwast mwy traddodiadol, dwi'n ama. Ond rhaid deud bod pob briwsionyn o gynnwys y jar wedi diflannu. A'r adborth? 'Lot gwell na'r llwch lli yna ti'n gael mewn paced!'

I wneud tua 750g

Cynhwysion

225g ceirch (*rolled oats*)

pinsiad o halen

175g cnau: cyll, almonau, cnau Ffrengig a *pecans*, neu beth bynnag yw eich hoff gnau

2 lond llwy fwrdd o hadau blodau'r haul

2 lond llwy fwrdd o hadau pwmpen

140g mêl clir (neu surop masarn, *maple syrup*)

130ml olew blodau'r haul

150g ffrwythau sych. Dwi wedi defnyddio resins melyn a llugaeron er mwyn cael lliwiau Nadoligaidd, ond gallwch ddefnyddio unrhyw ffrwythau sych o'ch dewis chi.

Dull

- Cynheswch y popty 170°C / 150°C ffan / nwy 3.
- Rhowch haen o bapur pobi ar dun pobi mawr.
- Rhowch y ceirch a'r halen mewn powlen fawr.
- Torrwch y cnau yn ddarnau, ddim rhy fach, a'u rhoi yn y bowlen.
- Ychwanegwch hadau blodau'r haul a'r hadau pwmpen.
- Rhowch yr olew a'r mêl mewn sosban a'u cynhesu ar wres isel. Trowch nhw nes bod y mêl wedi toddi.
- Tywalltwch yr olew a'r mêl i mewn i'r bowlen a'u cymysgu'n dda.
- Taenwch y gymysgedd ar y tun pobi a'i roi yn y popty.
- Pobwch am 15–20 munud gan droi'r granola bob hyn a hyn a chadw llygad rhag iddo grasu gormod – mae hyn yn medru digwydd yn sydyn!
- Gadewch iddo oeri cyn ei roi yn ôl yn y bowlen.
- Ychwanegwch y ffrwythau sych.
- Wedi iddo oeri'n llwyr cadwch y granola mewn potyn efo caead tyn.

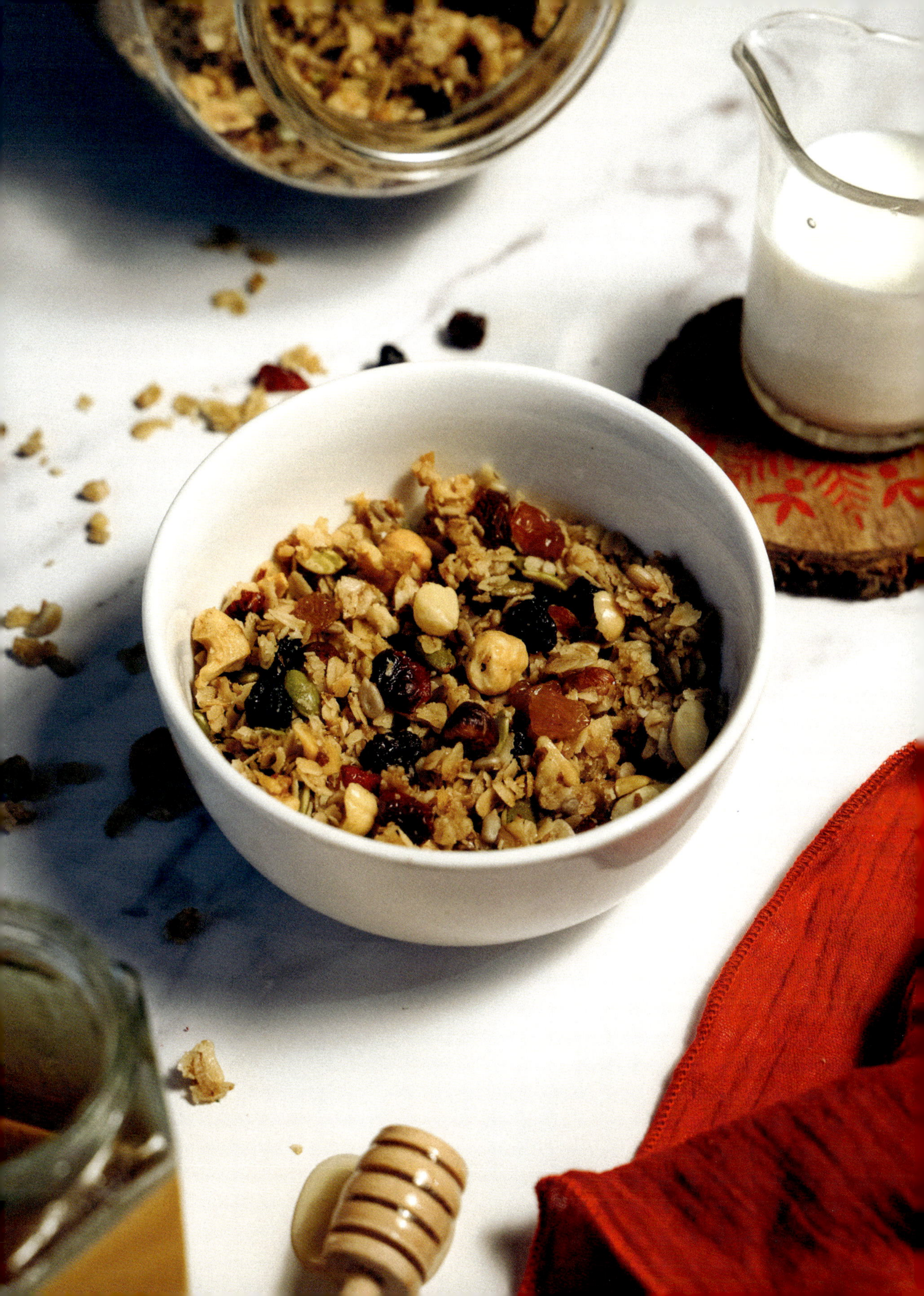

CREMPOGAU EFO CIG MOCH A SUROP MASARN (MAPLE SYRUP)

Mae'r amser rhwng brecwast a chinio yn gallu bod yn hir ar ddiwrnod Dolig, yn enwedig os ydi'r plant wedi codi cyn cŵn Caer. Felly, mae angen rhywbeth i'ch cadw chi i fynd. Ac i'ch arbed rhag dechrau claddu i mewn i'r tun da-da a difetha eich cinio! Mi fyddwn i'n gwneud crempogau bach fel hyn i'r plant erbyn pan fydden nhw dŵad adra o'r ysgol yn llwgu – i'w cadw i fynd tan amser te. Mi fyddai llond platiad yn diflannu mewn amrantiad. Faswn i byth wedi meddwl eu bwyta nhw efo cig moch nes i mi eu cael i frecwast yn Efrog Newydd, rai blynyddoedd yn ôl, a'u mwynhau'n arw. Tydi eu cig moch nhw ddim yn union fel ein cig moch ni. Mae o wedi'i dorri'n deneuach ac yn dod o fol y mochyn. O'r lwyn (loin) y daw ein cig moch ni, ond mae yr un mor flasus.

Os nad ydach chi'n bwyta cig, mi fedrwch fwyta'r crempogau efo ffrwythau a mêl.

Digon i 4

Cynhwysion

200g blawd codi

1/2 llwy de o bowdwr pobi

1 llwy fwrdd siwgr mân

3 wy

25g menyn wedi'i doddi

200ml llefrith

1 llwy fwrdd o sudd lemwn neu finegr gwyn

ychydig o fenyn i ffrio

8–10 tafell o gig moch brith (*streaky*)

surop masarn (*maple syrup*)

Dull

- Rhowch y lemwn neu'r finegr gwyn yn y llefrith a gadael iddo sefyll am 5 munud. Bydd hyn yn suro'r llefrith ac yn helpu i wneud crempogau ysgafn.
- Cymysgwch y cynhwysion sych efo'i gilydd mewn powlen fawr.
- Gwnewch dwll yn eu canol a rhowch yr wyau, y menyn wedi toddi a'r llefrith ynddo.
- Chwisgiwch yn dda gyda chwisg balŵn neu chwisg trydan.
- Rhowch y tafelli o gig moch dan y gril i goginio.
- Rhowch radell neu badell drom ar yr hob a thoddi lwmpyn o fenyn ynddi.
- Rhowch y cytew (*batter*) fesul llond llwy fwrdd hyd y badell, gan adael digon o le rhyngddynt i chi fedru eu troi nhw yn rhwydd.
- Craswch ar y ddwy ochr ar wres eitha poeth – ond ddim yn rhy boeth, neu mi fydd y tu allan wedi crasu a'r canol yn slwj.
- Cadwch nhw'n gynnes tra ydach chi'n gwneud y gweddill.
- Pan fo'r crempogau a'r cig moch yn barod, gosodwch nhw yn dwmpath ar blât mawr.
- Tywalltwch surop masarn drostyn nhw.
- Rhowch nhw yng nghanol y bwrdd a gadael i bawb helpu eu hunain.

Brecwast yn
Efrog Newydd

COMPOT FFRWYTHAU EFO IOGWRT

Dyma i chi rywbeth sy'n flasus i frecwast, neu fel pwdin.
Os ydach chi am ei fwyta fel pwdin, gallwch ddefnyddio gwin yn lle dŵr.

Digon i 4

Cynhwysion

2 afal

2 ellygen (*pears*)

4–6 eirin, yn ddibynnol ar eu maint

dyrnaid o fwyar duon

llond llwy fawr o siwgr brown meddal (ychydig mwy os oes ganddoch chi ddant melys)

crafiad o hadau fanila

1 coesyn sinamon

sudd hanner lemwn

40ml o ddŵr

carton bach o iogwrt Groegaidd

Dull

- Torrwch y gellyg, yr afal a'r eirin yn ddarnau o'r un maint, gan roi'r afal a'r gellyg yn y sudd lemwn wrth i chi wneud rhag iddyn nhw droi'n frown.
- Rhowch bopeth, heblaw'r mwyar duon a'r iogwrt, mewn sosban efo 40ml o ddŵr.
- Codwch i'r berw dros wres isel.
- Mudferwch am 20 munud cyn ychwanegu'r mwyar duon a'u mudferwi am tua 10–15 munud nes bod yr afal wedi meddalu.
- Tynnwch y coesyn sinamon allan o'r sosban.
- Gallwch ei fwyta'n boeth, yn gynnes neu'n oer gyda llwyaid fawr o iogwrt ac efallai ychydig o granola ar ei ben (tudalen 12).
- Mi gadwith yn yr oergell am ychydig ddyddiau.
- Mae'n neis iawn ar ben uwd hefyd.

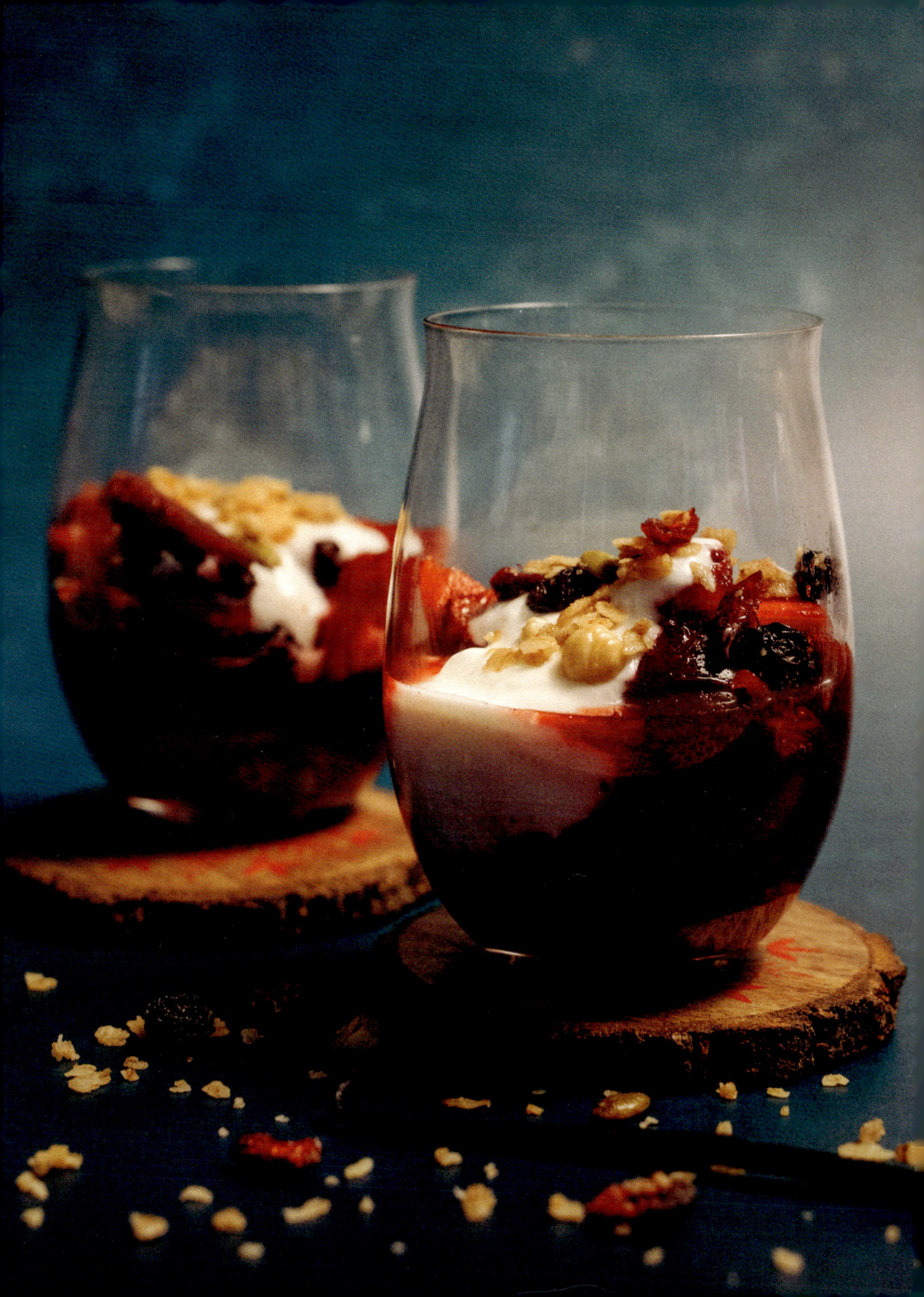

CLAFOUTIS FFIGYS, OREN AC ALMONAU

Pwdin traddodiadol o Ffrainc ydi clafoutis, ac mae hefyd yn cael ei weini i frecwast ar achlysuron arbennig. A beth sy'n fwy arbennig na bore Dolig? Rhyw groes rhwng crempog a chwstard ydi o, ac mae'n arfer cael ei wneud efo ceirios. Os ydi o wedi'i wneud efo unrhyw ffrwyth arall, yna, a bod yn fanwl gywir, dylid ei alw'n flaugnarde. Felly, flaugnarde ydi hwn mewn gwirionedd! Beth bynnag ydi o, mae'n hynod flasus i'w fwyta fel brecwast, neu fel pwdin. Gallwch ei amrywio at eich dant ac yn ôl y ffrwythau sydd ganddoch yn y tŷ.

Cynhwysion

4 wy
100g siwgr mân
2 lond llwy fwrdd o flawd plaen
150g hufen dwbwl
100ml llefrith braster llawn
6 ffigys
1 oren
ychydig ddiferion o rinflas fanila
llond dwrn o almonau mân (*flaked almonds*)
ychydig o fenyn i iro
ychydig o siwgr eisin

Dull

- Cynheswch y popty i 190˚C / 170˚C ffan / nwy 5.
- Irwch (*grease*) ddysgl fflan, neu unrhyw ddysgl fas, efo menyn.
- Torrwch bigyn caled pob ffigys i ffwrdd cyn eu torri'n dri darn, o'r top i'r gwaelod.
- Gratiwch groen yr oren i mewn i'r siwgr. Mi fydd y siwgr yn dal unrhyw olew ddaw o'r croen.
- Mewn powlen fawr, chwisgiwch yr wyau a'r siwgr yn dda.
- Ychwanegwch y blawd gan ei gymysgu'n ysgafn ond yn drwyadl.
- Cymysgwch y llefrith, yr hufen a'r rhinflas fanila mewn jwg a'i dywallt i'r fowlen gan gymysgu'n drwyadl eto. (Dwi wedi gwneud hwn drwy roi cynhwysion y cytew (*batter*) i gyd mewn blendiwr hefyd ac mi weithiodd yn iawn.)
- Tywalltwch y cytew dros y ffrwythau.
- Taenwch yr almonau dros y cwbwl a'i bobi am tua 30 munud nes ei fod wedi crasu a chwyddo rhywfaint, ond yn dal ychydig yn sigledig yn y canol. Gall gymryd ychydig yn hirach i goginio, yn dibynnu ar eich popty.
- Hidlwch haenen o siwgr eisin dros y *clafoutis* a'i weini'n gynnes.

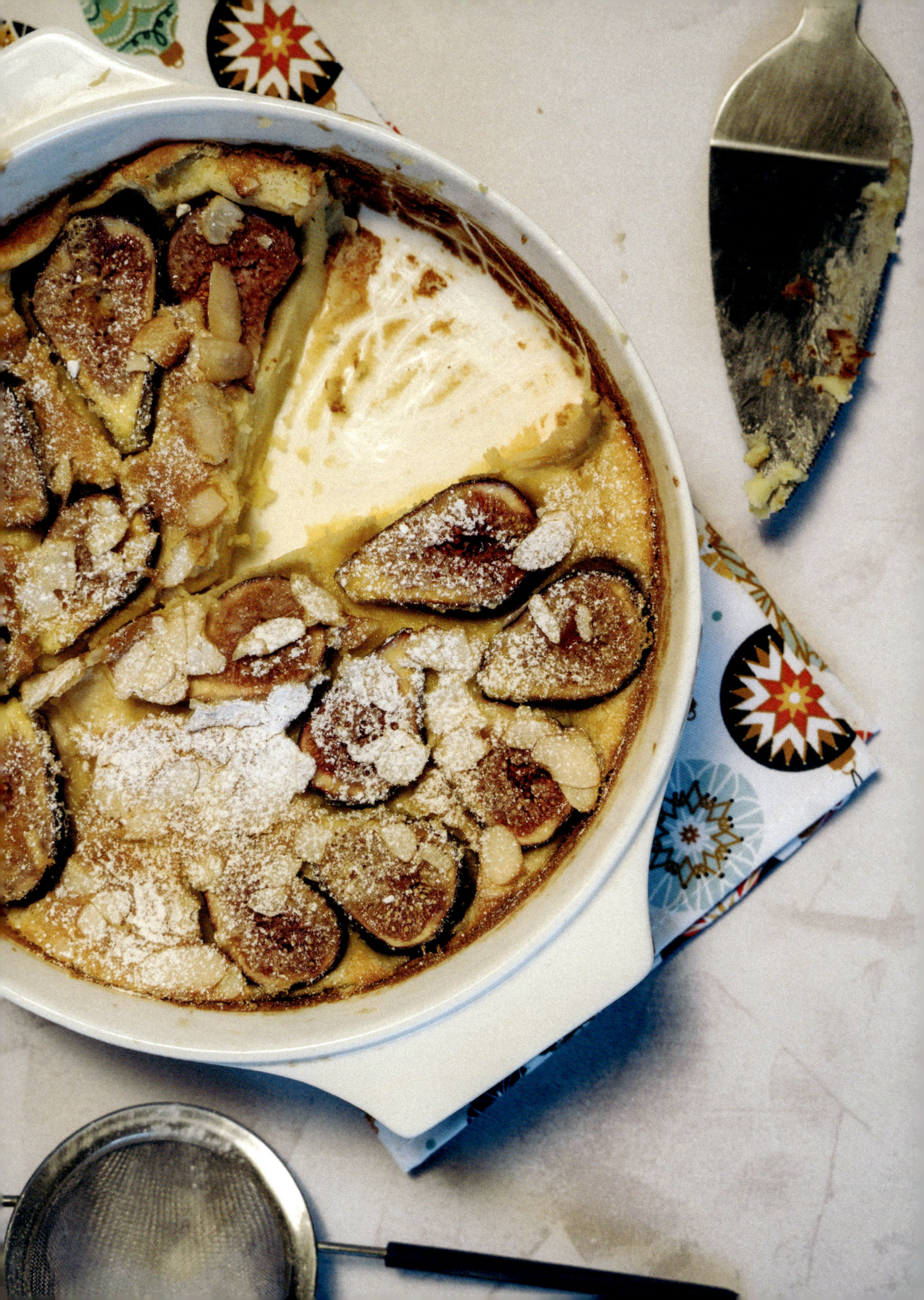

GRAWNFFRWYTH EFO SIERI A SIWGR BROWN

Dim ond unwaith y flwyddyn dwi'n bwyta grawnffrwyth ac ar fore Dolig fydd hynny, felly fedrwn i ddim peidio â chynnwys y rysáit yma. Mae gen i gyllell bach arbennig ar gyfer torri grawnffrwyth. Mae honno'n eistedd yn y drôr yn disgwyl am ei chyfle blynyddol ond, yn amlach na pheidio, pan ddaw'r diwrnod mawr, fedra i yn fy myw â dod o hyd iddi! Dyma'r rysáit fyddwn i'n ei ddefnyddio ar gyfer y cwrs cyntaf pan ddechreuais i gael ffrindiau draw am swper am y tro cynta – ymhell yn ôl yn yr 80au. Mae o'n rysáit sydd mor hawdd ag y mae'n swnio!

Cynhwysion

1/2 grawnffrwyth i bob person

1 llwy bwdin o sieri i bob hanner grawnffrwyth

1 llwy bwdin o siwgr brown (demerara) i bob hanner grawnffrwyth

Dull

- Torrwch y grawnffrwyth yn ei hanner â chyllell fach ddanheddog (*serrated*), torrwch rownd y ffrwyth i'w ryddhau o'r croen.
- Torrwch o amgylch pob segment, o'r canol allan – mi fydd hyn yn ei wneud yn haws i'w fwyta'n daclus.
- Taenwch lwyaid o sieri dros bob hanner grawnffrwyth ac yna rhoi'r siwgr ar ei ben.
- Rhowch y grawnffrwyth ar dun pobi a'u rhoi dan y gril. Griliwch nes bod y siwgr wedi toddi a chrasu, gan gadw llygaid arnyn nhw rhag ofn iddyn nhw losgi. Mi allwch hefyd ddefnyddio *blowtorch*.

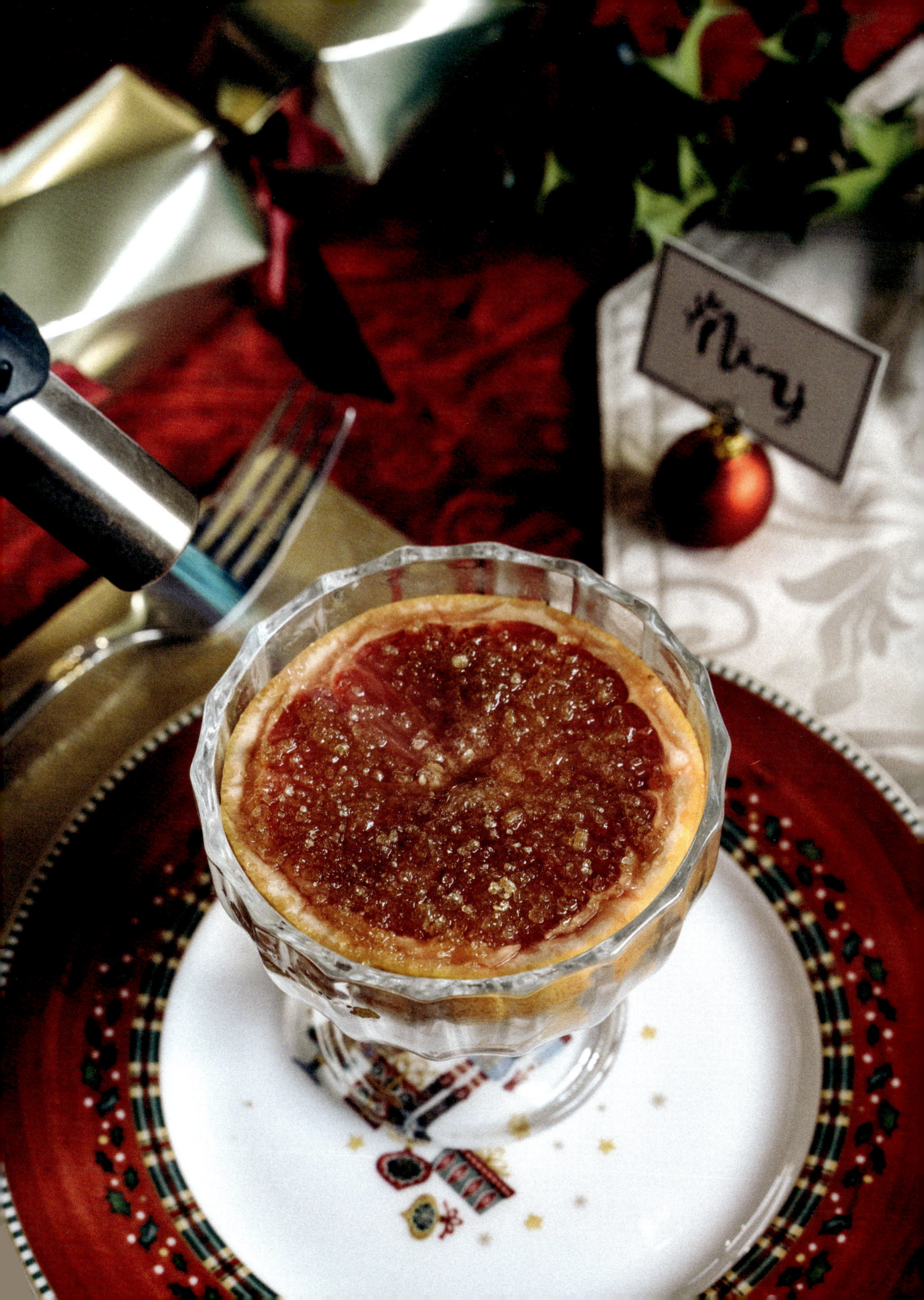

WYAU WEDI'U SGRAMBLO EFO EOG MWG (SMOKED)

Mae bore Dolig yn gallu bod yn dipyn o farathon, felly mae gofyn i rywun fwyta brecwast iawn i gael digon o egni. Mae patrwm ein bore Dolig ni'n un sy'n bodoli ers pan oedd y plant yn fach iawn: anrhegion Siôn Corn gynta, wedyn brecwast. Yna, agor yr anrhegion dan y goeden, pawb yn agor un ar y tro. Roedd hyn yn dipyn o farathon pan oedd y plant yn fach, yn enwedig a finna efo pedwar ohonyn nhw! Roedd nifer yr anrhegion oedd o dan y goeden yn hurt. Mi fyddai yna lond sach bob un gan y ddau set o neiniau a theidiau, heb sôn am anrhegion gweddill y teulu a ffrindiau. A gan fod y teganau'n dueddol o fod yn fawr, pan oedd y plant yn fach roedd y twmpath anrhegion yn fwy na'r goeden Dolig! Wrth i'r plant dyfu roedd maint yr anrhegion yn mynd yn llai, ond eu pris yn mynd yn fwy!

Mae hwn yn frecwast enwog, ond mae'n rhaid i mi gyfadda nad ydw i'n or-hoff o eog mwg. Felly, rhywbeth faswn i'n ei wneud i rywun arall ydi hwn!

Cynhwysion

ar gyfer pob person:

1 tafell o fara o'ch dewis

2 wy

20g o fenyn

ychydig o gaprau (*capers*)

cwpwl o dafelli o eog mwg (*smoked*)

halen a phupur

Dull

- Tynnwch yr eog o'i baced.
- Curwch yr wyau mewn powlen a thoddwch y menyn ar wres cymedrol mewn sosban *non-stick*, os oes ganddoch chi un.
- Cymysgwch yr wyau i'r menyn yn ofalus ac ychwanegu ychydig o halen a phupur.
- Gwnewch y tost tra mae'r wyau'n coginio ar wres isel. Gofalwch rhag iddyn nhw orgoginio.
- Rhowch yr wyau ar y tost, tasgwch y caprau drostyn nhw a rhoi tafelli o'r eog ar eu pen.

BRECHDAN SIOCLED

"Na chei! Chei di ddim chocolate i frecwast, siŵr!" fyddai ateb fy mam pan oeddwn i isio agor fy Selection Box, llawn bariau siocled, yn syth ar ôl codi ar fore Dolig. Wel, pam ddim, 'de?! Dyma i chi frecwast ar gyfer achlysur arbennig os fuon 'na un erioed!

Digon i 4

Cynhwysion

8 tafell o fara gwyn – gorau oll os ydi'r bara'n gwpwl o ddyddiau oed

digon o sbrèd siocled tebyg i Nutella i orchuddio 4 tafell o'r bara

4 wy

150ml llefrith

ychydig o sinamon

menyn i ffrio

ychydig o siwgr eisin

Dull

- Taenwch y sbrèd siocled dros bedwar darn o fara a rhoi'r pedwar arall ar eu pennau i greu brechdan.
- Torrwch pob brechdan yn ei hanner. Os ydach chi isio, mi fedrwch dorri'r crystiau i ffwrdd ar y pwynt yma hefyd.
- Curwch yr wyau yn y llefrith ac ychwanegu'r sinamon.
- Tywalltwch yr wyau a'r llefrith i ddysgl fas a throchi'r bara ynddo am gwpwl o funudau gan droi'r brechdanau drosodd fel eu bod wedi'u trochi'n llwyr.
- Toddwch lwmp o fenyn mewn padell fawr a rhowch y brechdanau ynddo a'u ffrio nes eu bod wedi crasu bob ochr.
- Rhannwch rhwng bedwar plât a hidlwch rywfaint o siwgr eisin drostyn nhw.
- Os ydach chi am frecwast ychydig iachach, rhowch ychydig o ffrwythau ar ochr y platiau!

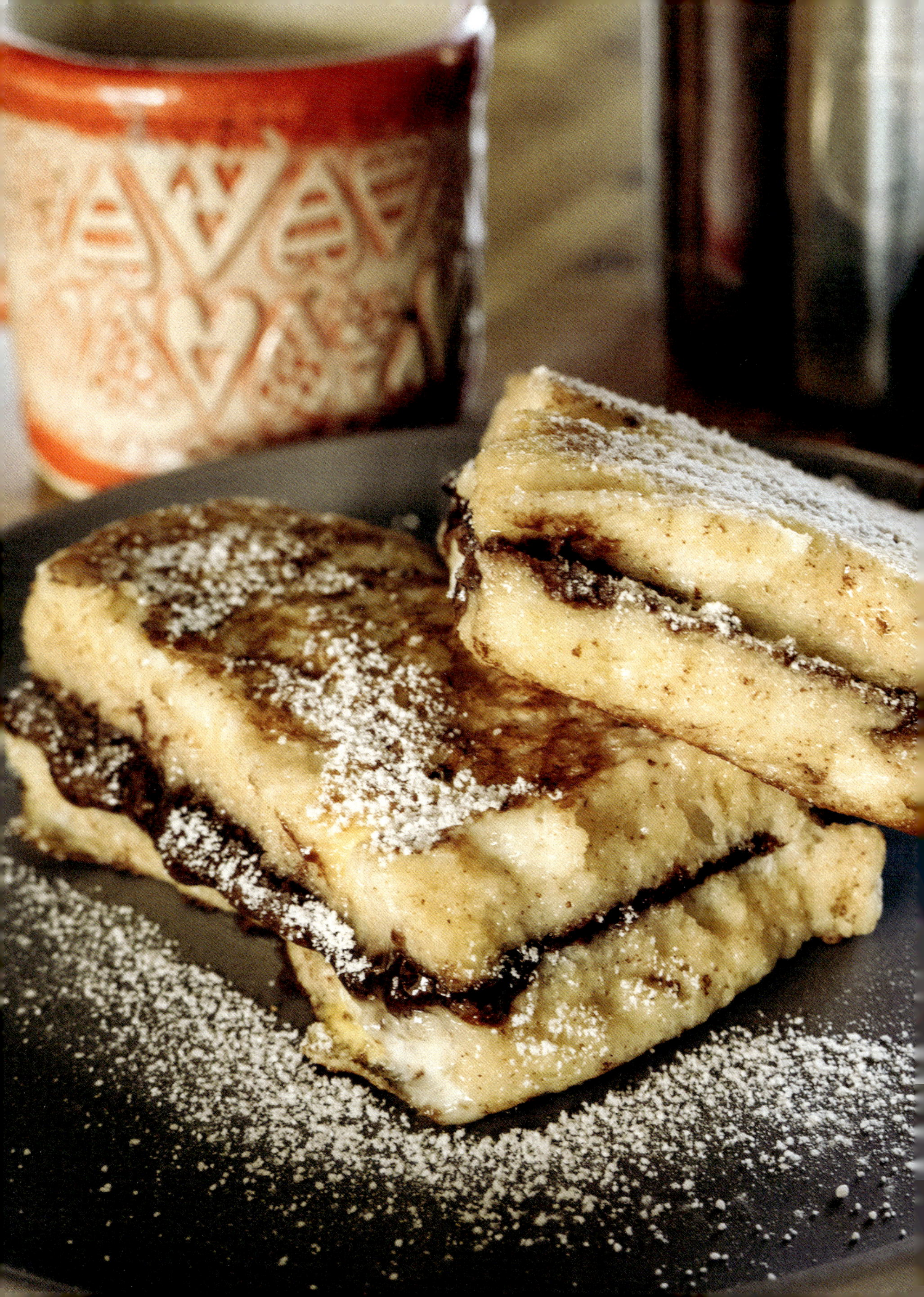

QUICHES BACH CYFLYM

I wneud 6

Cynhwysion

1 pecyn 6 o *wraps* bach

2 dafell o ham wedi'u torri'n ddarnau bach

3 wy

50ml hufen

3 tomato bach

2 sialóts (sibwns, *spring onions*) wedi'u malu'n fân

llond dwrn o gaws Cheddar wedi'i gratio

halen a phupur

Dull

- Irwch (*grease*) dun pwdinau Efrog bach a chynheswch y popty i 200°C / 180 °C ffan / nwy 6. Torrwch y *wraps* yn gylchoedd o'r maint cywir i ffitio yn y tyllau, un ai efo torrwr mawr neu drwy dorri o amgylch soser fach efo cyllell finiog.
- Gwthiwch pob *wrap* i mewn i'r tyllau yn y tun i ffurfio cwpanau bach.
- Rhannwch y cig, y sialóts (sibwns) a'r caws rhwng y cwpanau.
- Curwch yr wyau efo'r hufen ac ychydig o halen a phupur a'u tywallt i mewn i'r cwpanau.
- Rhowch hanner tomato yng nghanol pob un.
- Pobwch am tua 15–20 munud nes bod y llenwad wedi setio.
- Gallwch ei fwyta'n gynnes neu'n oer.

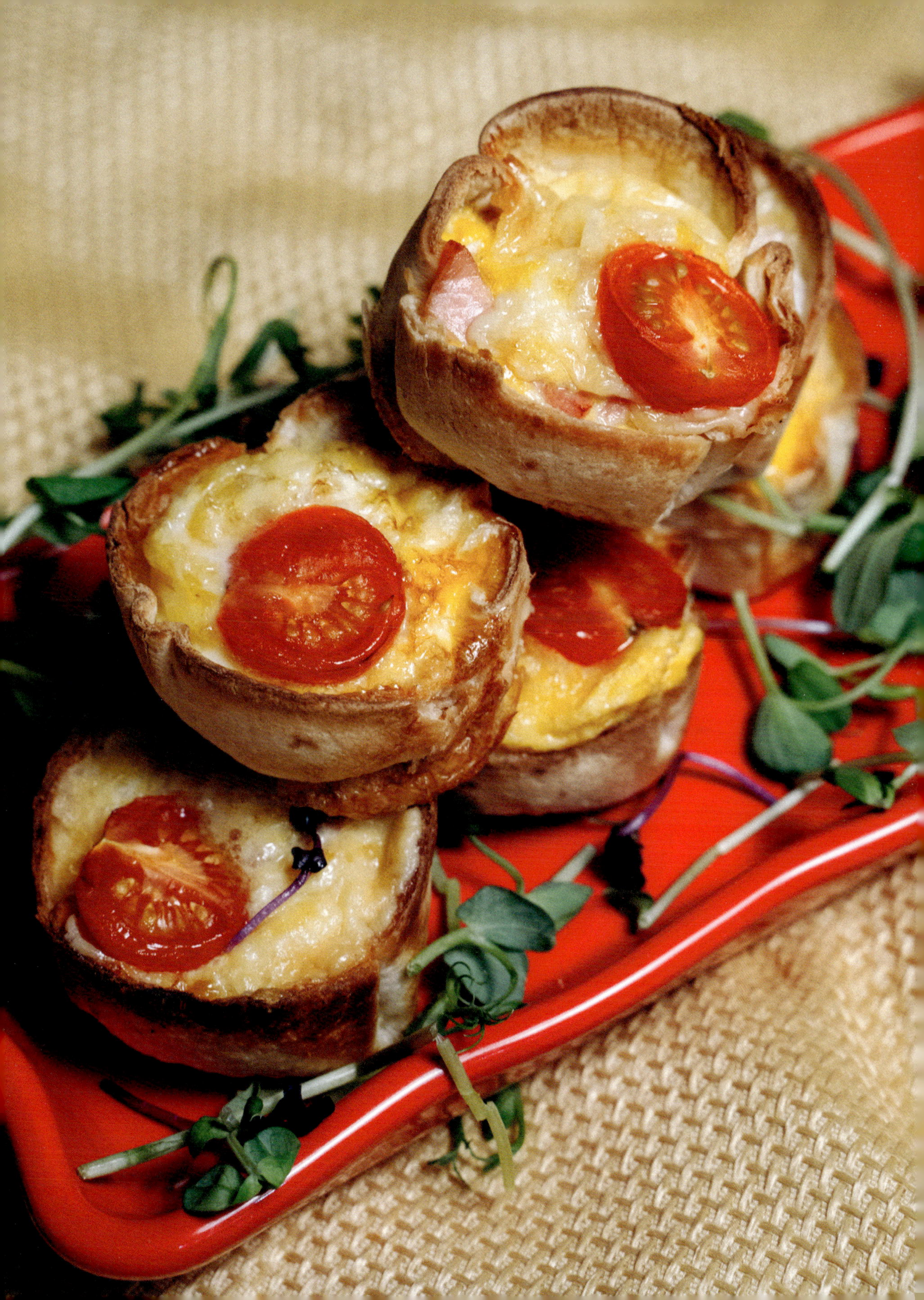

WYAU CYMREIG
(SCOTCH EGGS LLYSIEUOL)

Mae'r hen Scotch egg wedi dod yn bell yn ystod y blynyddoedd diwethaf yma gyda llawer mwy o ddychymyg yn cael ei ddefnyddio wrth feddwl am y gôt o gig sydd o amgylch yr wy. Dwi wedi cael rhai efo cig sosej wedi'i gymysgu efo chorizo, pwdin gwaed, tsytni a mins cig oen – ond ddim i gyd efo'i gilydd, wrth gwrs! Mae yna amrywiaeth o rai llysieuol i'w cael hefyd, a dyna ydi'r rhain. A pham 'Cymreig'? Wel, achos mod i wedi gwneud cymysgedd debyg i'r enwog selsig Morgannwg a'u lapio rownd yr wyau.

I wneud 4

Cynhwysion

6 wy

100g caws Cheddar efo garlleg a pherlysiau ynddo (e.e. Snowdonia Cheese Green Thunder), wedi'i gratio

160g briwsion bara brown

3 sialót /sibwnsyn (*spring onion*)

llond llwy de o fwstard garw (*coarse grained*)

1 llond llwy fwrdd o flawd

olew i ffrio

Dull

- Rhowch 4 wy mewn sosbannaid o ddŵr berw a'u berwi am 10 munud. Codwch yr wyau yn syth o'r sosban i fowlen o ddŵr oer.
- Torrwch y sialóts mor fân ag y medrwch a'u rhoi mewn powlen efo 100g o'r briwsion bara, y caws a'r mwstard.
- Curwch un o'r ddau wy sydd ar ôl a'i ychwanegu i'r gymysgedd. Gan ddefnyddio eich dwylo, gwnewch belen o'r cwbwl.
- Curwch yr wy olaf a'i dywallt ar hyd un plât.
- Taenwch y blawd dros ail blât.
- Rhowch y briwsion bara sydd ar ôl ar hyd trydydd plât.
- Pliciwch yr wyau'n ofalus.
- Rhannwch y gymysgedd caws yn bedwar a gwasgwch un chwarter yn fflat gyda'ch dwylo, cyn rhoi wy yn ei ganol a chodi'r gymysgedd nes ei fod yn gorchuddio'r wy yn llwyr.
- Gwnewch hyn gyda phob wy, gan wneud yn siŵr nad ydi'r wy i'w weld o gwbwl.
- Rholiwch yr wyau fesul un yn y blawd, yna yn yr wy ac yn olaf yn y briwsion.
- Rhowch yr wyau yn yr oergell am hanner awr – mi fydd hyn yn helpu i'w cadw nhw rhag cracio.
- Rhowch olew mewn sosban ddofn a'i boethi nes bod darn o fara yn ffrio'n syth, heb orgrasu.
- Ffriwch yr wyau am 3 munud gan eu troi bob hyn a hyn. (I arbed olew, mi fydda i'n defnyddio sosban fach ac yn ffrio'r wyau fesul un.)
- Rhowch yr wyau ar bapur cegin i gael gwared ar yr olew.
- Gallwch eu bwyta'n gynnes neu'n oer.

CAWL MADARCH A THARAGON

Dwi wrth fy modd efo madarch, a'r blas umami *hyfryd maen nhw'n roi i brydau, ond yn anffodus tydi rhai o'r plant 'ma ddim yn gwirioni 'run fath! Mae gen i saith o blant i gyd – pedwar dwi wedi rhoi genedigaeth iddyn nhw, a thri llysfab. Dwi'n dweud 'plant', ond maen nhw i gyd yn oedolion erbyn hyn. Dros y blynyddoedd dwi wedi trio cuddio madarch mewn pob mathau o brydau – o saws bolognese i gaserols – dim ond i gael y platiau yn ôl efo tomen o ddarnau bach (bach iawn weithia!) o fadarch rownd ochr y plât. Fedra i ddim cuddio'r ffaith fod yna fadarch yn hwn!*

Digon i 2

Cynhwysion

1 llwy fwrdd olew olewydd

1 nionyn bach wedi'i falu'n fân

250g madarch *chestnut*

1 ewin (neu fwy, os mynnwch) garlleg wedi'i dorri'n ddarnau mân

200ml stoc llysiau neu gyw iâr

1 llond llwy fawr o daragon ffres (neu 1 llwy de o daragon wedi'i sychu)

30ml hufen (sengl neu ddwbwl)

halen a phupur

Dull

- Rhowch yr olew mewn sosban ar yr hob ac ychwanegu'r nionyn. Coginiwch nes ei fod wedi meddalu.
- Glanhewch y madarch efo darn o bupur cegin a'u torri'n ddarnau.
- Ychwanegwch y madarch a'r garlleg i'r sosban a'u coginio.
- Ychwanegwch y stoc a'i godi i'r berw.
- Ychwanegwch y taragon, a'r halen a phupur os oes angen.
- Malwch bopeth yn fân gyda blendiwr llaw.
- Ychwanegwch yr hufen, gan gadw ychydig yn ôl i'w droelli ar y cawl wedi i chi ei roi mewn powlenni.

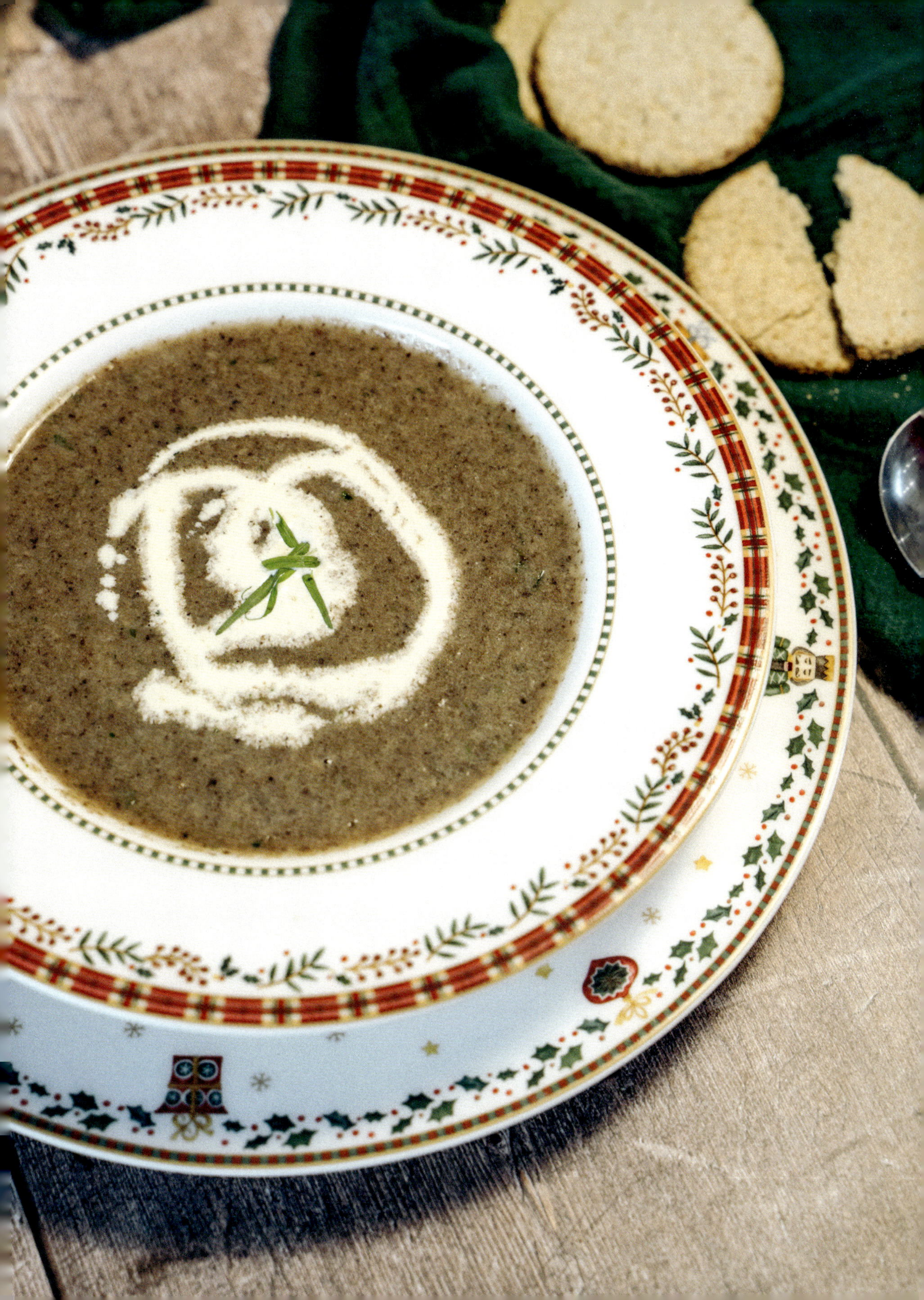

CAWL TOMATO A FFA MENYN (BUTTERBEANS)

Mi fydda i wrth fy modd yn cael y plant adra dros Dolig. Gan fod tri ohonyn nhw'n byw'n rhy bell i fedru teithio'n hawdd, maen nhw'n dŵad yma i aros am ychydig ddyddiau. Mae yna waith bwydo arnyn nhw felly! Dyma i chi gawl sydyn, swmpus sy'n barod mewn chwarter awr.

I wneud digon i 4

Cynhwysion

1 nionyn bach wedi'i dorri'n fân

2 clof garlleg wedi'u malu'n fân

llwyaid o olew

1 tun tomatos

1 tun ffa menyn

225ml stoc llysieuol

halen a phupur

dyrnaid o ddail basil ffres

Dull

- Cynheswch yr olew mewn sosban a ffrio'r nionyn a'r garlleg ynddo nes bod y nionyn yn feddal.
- Ychwanegwch bopeth heblaw'r pupur a'r halen.
- Malwch y cyfan gan ddefnyddio blendiwr llaw.
- Cynheswch y cawl drwyddo ac ychwanegu pupur a halen at eich dant.

CWPANAU BACH SAWRUS

Mae'r cwpanau bach yma o fara wedi'i grasu yn haws i'w gwneud na toes pastry ac yn ffordd dda o ddefnyddio bara sydd wedi dechrau mynd yn stêl. Mi fedrwch eu llenwi efo beth bynnag a fynnoch, ac mi gadwan mewn tun am ychydig ddyddiau, heb eu llenwi.

I wneud y cwpanau

Cynhwysion

bara wedi'i sleisio

olew

Awgrymiadau ar gyfer llenwad

- caws meddal efo cennin syfi (*chives*) ac eog mwg (*smoked*)
- cig eidion efo saws machruddygl (*horseradish*)
- *mayonnaise* wy a phaprica
- madarch wedi'u ffrio mewn ychydig o olew a garlleg
- *paté* pysgod (cymysgu eog, tiwna neu facrell efo caws meddal)
- corgimychiaid (*prawns*) efo cymysgedd o *mayonnaise*, sos coch a chydig o sudd lemwn
- tomatos, nionyn coch a dail basil wedi'u malu'n fân, efo halen môr a phupur
- darnau o ham wedi'i falu'n fân efo tsytni
- hwmws
- porc carpiog (*pulled pork*) efo saws barbeciw, ayb!

Dull

- Cynheswch y popty i 180°C / 160°C ffan / nwy 3.
- Irwch dun *mini muffins* efo olew.
- Rholiwch y bara fesul tafell efo rholbren i'w ymestyn ychydig.
- Torrwch y bara yn gylchoedd gyda thorrwr cylch.
- Brwsiwch olew dros bob un o'r cylchoedd a'u gwasgu i mewn i'r tun.
- Pobwch am tua 15–20 munud nes bod y bara wedi crasu, gan gadw llygad arnyn nhw.

COCTÊL CORGIMYCHIAID
(*PRAWNS*)

Dyma i chi un rysáit sydd wedi ymddangos ar fwydlenni ciniawau Dolig mewn tai bwyta a gwestai ers y saithdegau – rysáit retro go iawn! Dwi wedi rhoi saws tabasgo yn hwn i roi ychydig o gic iddo. Mae'n hawdd iawn i'w wneud. Mi fedrwch wneud y saws ymlaen llaw a rhoi'r cyfan at ei gilydd mewn munudau.

Digon i 4

Cynhwysion

400g corgimychiaid wedi'u coginio

hanner letysen grensiog (*iceberg*) wedi'i thorri'n stribedi

2 goesyn o sialóts (sibwns/*spring onions*) wedi'u torri'n ddarnau

2 lond llwy fwrdd o *crème fraîche* hanner braster

2 lond llwy fwrdd o *mayonnaise*

2 lond llwy fwrdd o sos coch

ysgytwad dda o saws tabasgo

ychydig o bowdwr paprica

ychydig o gennin syfi (*chives*)

2 leim

Dull

- Mi fyddwch angen 4 gwydryn.
- Rhowch y darnau letys a'r sialóts yng ngwaelod y gwydrau.
- Cymysgwch y *crème fraîche*, *mayonnaise*, sos coch, tabasgo a sudd un leim, a throchi'r corgimychiaid yn y gymysgedd.
- Rhannwch y corgimychiaid rhwng y gwydrau.
- Rhowch ysgeintiad o baprica dros y cyfan.
- Torrwch y cennin syfi yn ddarnau a'u rhoi dros y coctêl.
- Torrwch y leim yn dafelli. Rhowch doriad bach ym mhob tafell fel eich bod yn medru eu gosod ar ochr pob gwydryn.

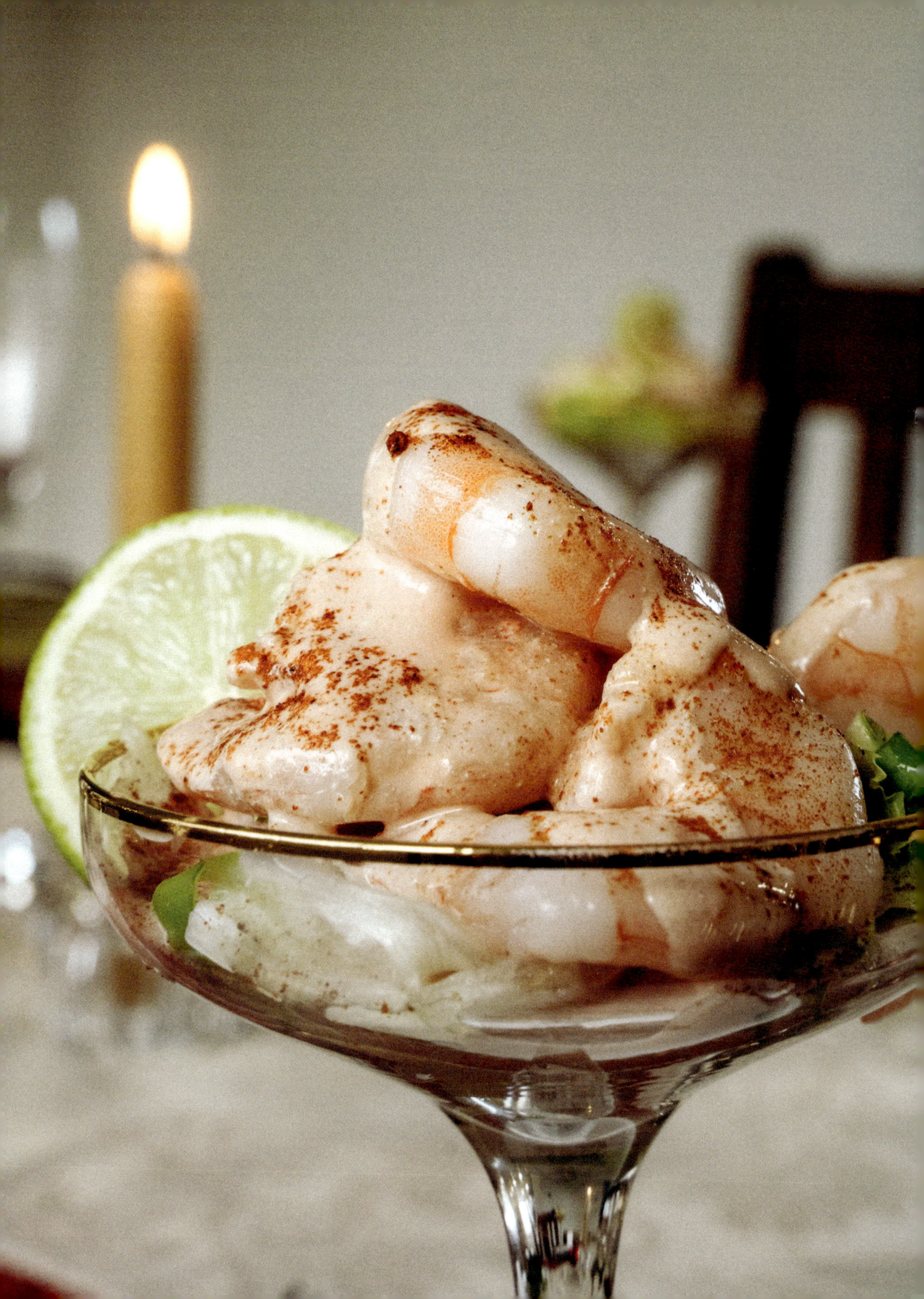

DEVILLED EGGS EFO EOG MWG (SMOKED)

Dwi wedi cadw'r enw Saesneg ar yr wyau yma achos doedd 'wyau'r diawl' ddim yn swnio'n iawn rywsut! Dyma rysáit retro arall. Gallwch eu bwyta fel canapé neu ar ddechrau pryd, neu fel rhan o fwffe.

I wneud digon i chwech, gyda phawb yn cael wy yr un (dau ddarn), mi fyddwch angen mwy o felynwy nag o wynnwy i gael digon i lenwi'r wyau.

Cynhwysion

10 wy

2 lwy fwrdd o *mayonnaise*

1 llwy de o fwstard Lloegr (*English mustard*)

halen a phupur

ysgytwad o saws tabasgo

ychydig o baprica

ychydig o gennin syfi neu bersli

ychydig dafelli o eog mwg (*smoked*)

Dull

- Rhowch yr wyau mewn sosbannaid o ddŵr berw a'u berwi am 10 munud.
- Rhowch yr wyau'n syth mewn powlen o ddŵr oer – efo rhew ynddo, os oes ganddoch chi beth.
- Rhowch y *mayonnaise*, y mwstard a'r tabasgo mewn powlen.
- Tynnwch blisg yr wyau'n ofalus a'u torri'n eu hanner ar eu hyd.
- Yn ofalus, tynnwch y melyn o'r gwyn a'u rhoi yn y bowlen.
- Dewiswch y 12 hanner gwyn taclusaf a'u gosod ar blât.
- Cymysgwch y melynwy yn dda a blasu i weld a oes angen pupur a halen.
- Rhowch y gymysgedd mewn bag peipio efo blaen rhosyn mawr a llenwch y gwynnwy efo rhosyn o'r melynwy.
- Taenwch ychydig o baprica a darnau o gennin syfi dros yr wyau.
- Torrwch yr eog yn stribedi bach a'u gosod ar ben yr wyau.

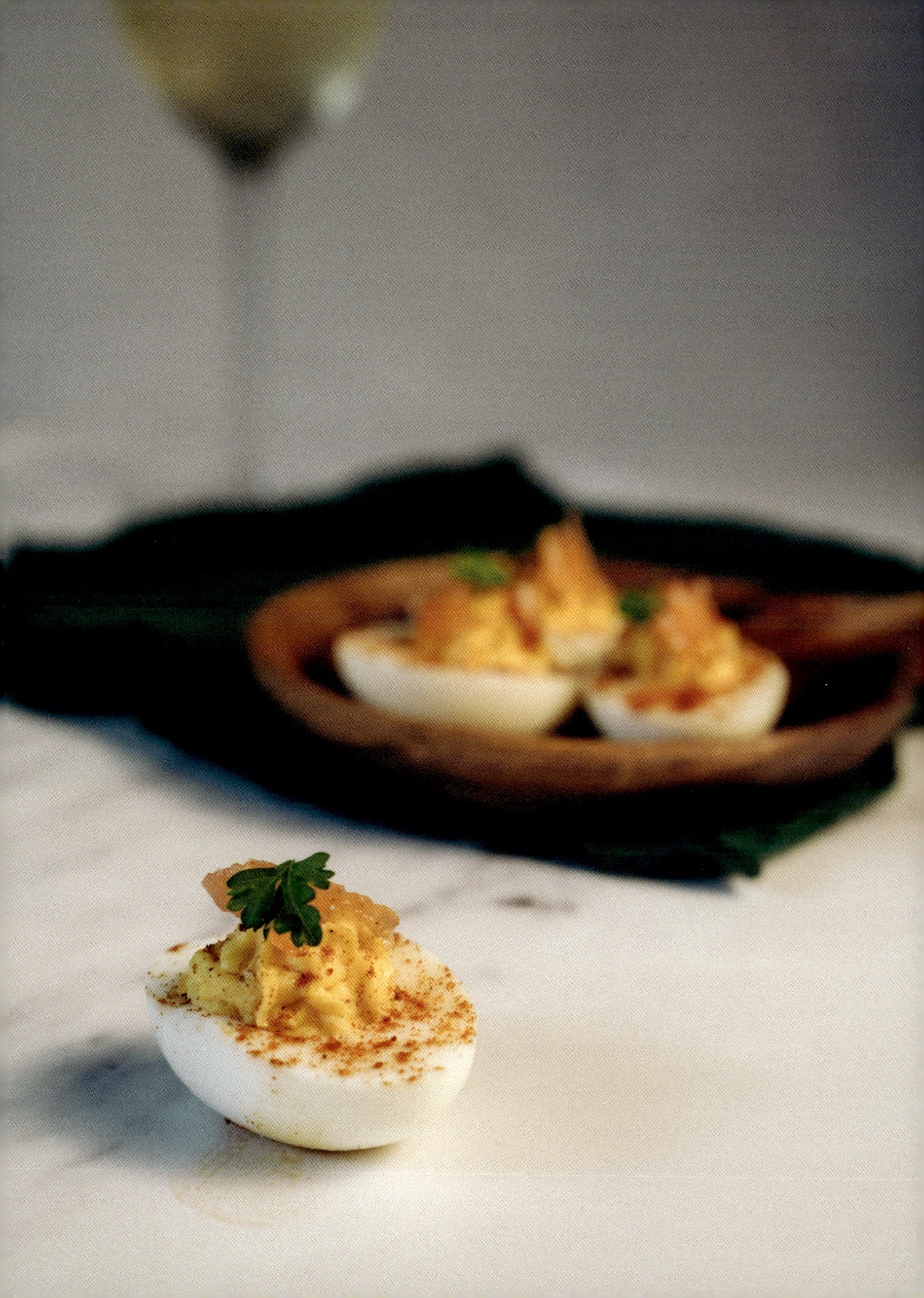

MADARCH A CHAWS AR DOST

Pwy sy'n cofio Toast Toppers – *cymysgedd sawrus oedd yn dod mewn tuniau bach? Rhaid oedd taenu'r gymysgedd ar ddarn o dost a'i roi dan y gril nes ei bod yn codi'n swigod poeth. Byddai'r rheini'n gallu llosgi'r croen oddi ar dop eich ceg os nad oeddech chi'n ofalus! Os dwi'n cofio'n iawn, roedd 'na flas ham neu fadarch a chaws ar gael. Mae'r rysáit yma'n f'atgoffa i o'r un ola, ac yn ffordd dda o ddefnyddio caws sydd dros ben.*

Digon i 1

Cynhwysion

1 tafell o fara o'ch dewis chi

dyrnaid o fadarch

1 llond llwy fwrdd o *crème fraîche*

dyrnaid o gaws Cheddar efo garlleg a chennin syfi (*chives*) neu unrhyw gaws tebyg, wedi'i gratio

lwmp o fenyn neu ychydig o olew i ffrio'r madarch

ychydig o ddail persli wedi'u malu'n fân

Dull

- Glanhewch y madarch efo darn sych o bapur cegin a'u torri'n dafelli.
- Ffriwch nhw yn yr olew neu'r menyn.
- Gwnewch y tost.
- Ychwanegwch y *crème fraîche* a'r caws at y madarch a'u cymysgu.
- Taenwch y gymysgedd dros y tost a'i roi dan y gril nes bod y caws wedi crasu.
- Taenwch y dail persli drosto.

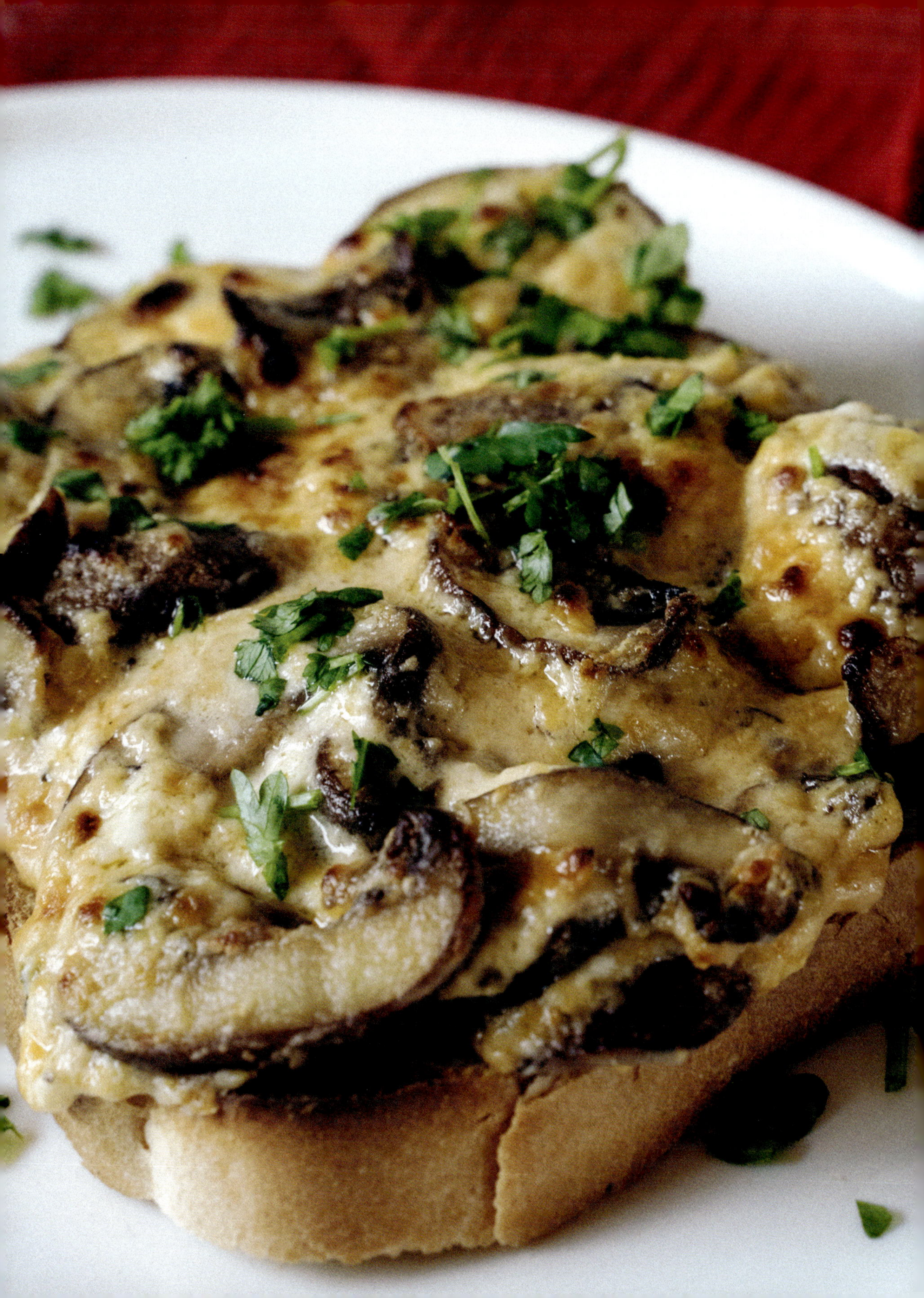

CROQUE MADAME

Mae isio trît weithia, yn does, ac os na chewch chi drît adeg Dolig – wel, pryd arall, yntê? Mae hwn yn frecwast arall i'ch cadw chi i fynd tan amser cinio. Croque monsieur *ydi brechdan ham a chaws wedi'i thostio, ond gan ddefnyddio caws wedi'i doddi mewn saws* bechamel *– yn ddigon tebyg i* Welsh rarebit*. Yr un peth ydi* croque madame*, ond efo wy ar ei ben. I arbed amser, a chalorïau, dwi wedi gwneud hwn heb y saws. Mi fyddai hon hefyd yn ffordd dda o ddefnyddio unrhyw ham neu gaws sydd ganddoch chi dros ben.*

I bob person

2 dafell o fara o'ch dewis chi

1 sleisen fawr o gaws Gruyère

1 sleisen drwchus o ham

llond llaw o gaws Cheddar wedi'i gratio

llwyaid o fwstard Dijon

1 wy

llwyaid o finegr

Dull

- Cynheswch y popty i 220˚C / 200˚C ffan / nwy 7.
- Tostiwch un ochr i'r bara.
- Trowch un dafell drosodd a'i rhoi ar dun pobi.
- Taenwch y mwstard dros y dafell ac yna'r caws Gruyère.
- Rhowch y sleisen o ham ar ei ben ac yna'r dafell arall o fara.
- Gwasgarwch y caws Cheddar dros y cyfan a'i roi yn y popty am tua 10–12 munud nes bod y caws wedi crasu.
- Codwch ddŵr i'r berw mewn sosban neu badell. Trowch y gwres reit i lawr ar ôl iddo ferwi.
- Ychydig funudau cyn i'r frechdan fod yn barod, rhowch yr wy drwy ridyll (*sieve*) i gael gwared o ddarnau dyfrllyd y gwynnwy.
- Rhowch y finegr yn y dŵr a'i droi efo llwy i greu trobwll.
- Gollyngwch yr wy'n ofalus i'r trobwll.
- Gadewch i'r wy goginio yn y dŵr.
- Os yw'n well ganddoch chi, mi fedrwch ffrio'r wy.
- Rhowch y frechdan wedi'i chrasu ar blât a rhoi'r wy ar ei phen.

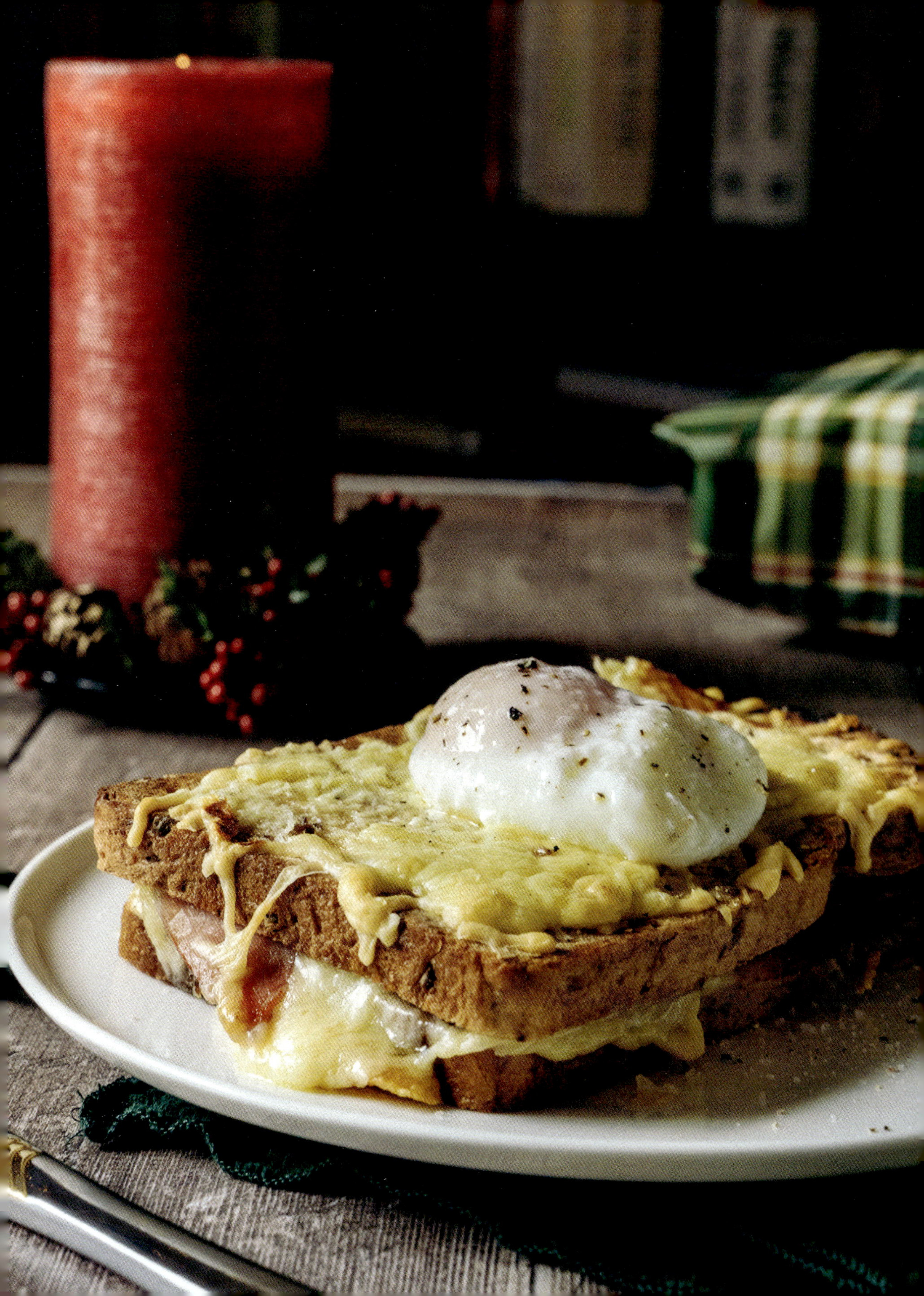

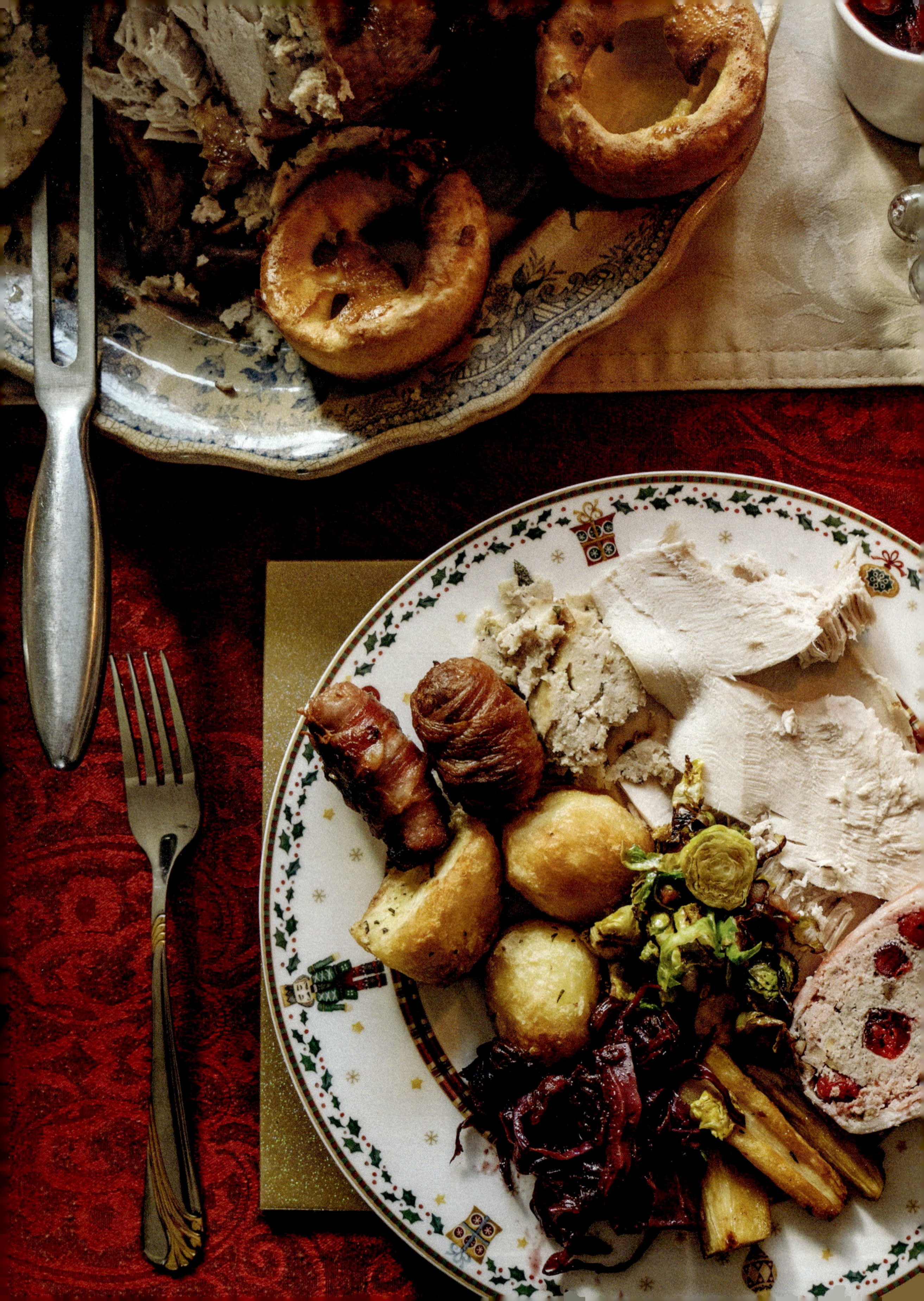

PRIF GWRS

CINIO DOLIG

Mi wnes i goginio fy nghinio Dolig cynta yn 1980 pan oeddwn i'n ddeunaw oed a Mam, oedd yn gweithio gydag oedolion ag anghenion arbennig ar y pryd, yn gweithio ar ddiwrnod Dolig. Roedd fy nhad wedi bod yn chef yn yr awyrlu am gyfnod yn ei ugeiniau ac felly'n hen gyfarwydd â bod yn y gegin ond y fi, am ryw reswm, wnaeth y cinio i fi, fy mrawd Dylan a Dad y flwyddyn honno.

Y dasg anodda oedd cael popeth yn barod mewn pryd ac roedd yn rhaid gwnued syms i sicrhau hynny – nid fy hoff bwnc! Faint o amser oedd y twrci ei angen? A'r tatws rhost? Oedd angen coginio'r sbrowts yr un pryd â'r moron? Ac os ydi popeth i fod yn barod erbyn un, faint o'r gloch oedd angen rhoi'r sosejys bach yn y popty? Oedd 'na le i bopeth yn y popty? Roedd yna dipyn o waith meddwl, ond wir, tydi gwneud cinio Dolig ddim yn rhy anodd. Y peth pwysig ydi cynllunio'n ofalus ymlaen llaw – a chael eich syms yn iawn! Mi ddaeth popeth at ei gilydd yn llwyddiannus y tro cynta hwnnw, a dwi'n cofio'r boddhad o fod wedi llwyddo, a fy nhad a mrawd, a minnau, wedi mwynhau.

Dwi wedi coginio cinio Dolig llawn bob blwyddyn ers hynny, hyd yn oed efo babi wythnos oed a dau blentyn bach wrth fy nhraed, yn 1991. Mae beth yn union sydd ar y plât wedi amrywio dros y blynyddoedd ac am gyfnod roedd gen i lawer gormod – twrci, tri stwffin gwahanol, tatws rhost a thatws mash, moron, brocoli, pannas, sbrowts, cabej coch, cennin mewn saws caws, sosejys bach, saws llugaeron, saws bara a grefi – a hyn er mwyn trio plesio pawb. Ond dwi wedi dysgu erbyn hyn mai *less is more*, fel y dywed y Sais, a does wir ddim angen lladd eich hun yn gwneud llwyth o wahanol bethau. Does neb wedi cwyno ers i mi wneud llai, a dwi'n teimlo'n well o beidio â bod wedi bwyta llawer gormod! Ac mae 'na lawer llai o wastraff. Twrci, sosejys mewn cig moch, stwffin saets a nionyn, torth stwffin, cabej coch, sbrowts efo *pancetta* neu *chorizo*, tatws rhost, a saws llugaeron fydd ar fy mhlât cinio Dolig erbyn hyn. A dyma i chi sut fydda i'n eu gwneud:

Meilir yn mwynhau ei ginio Dolig cynta!

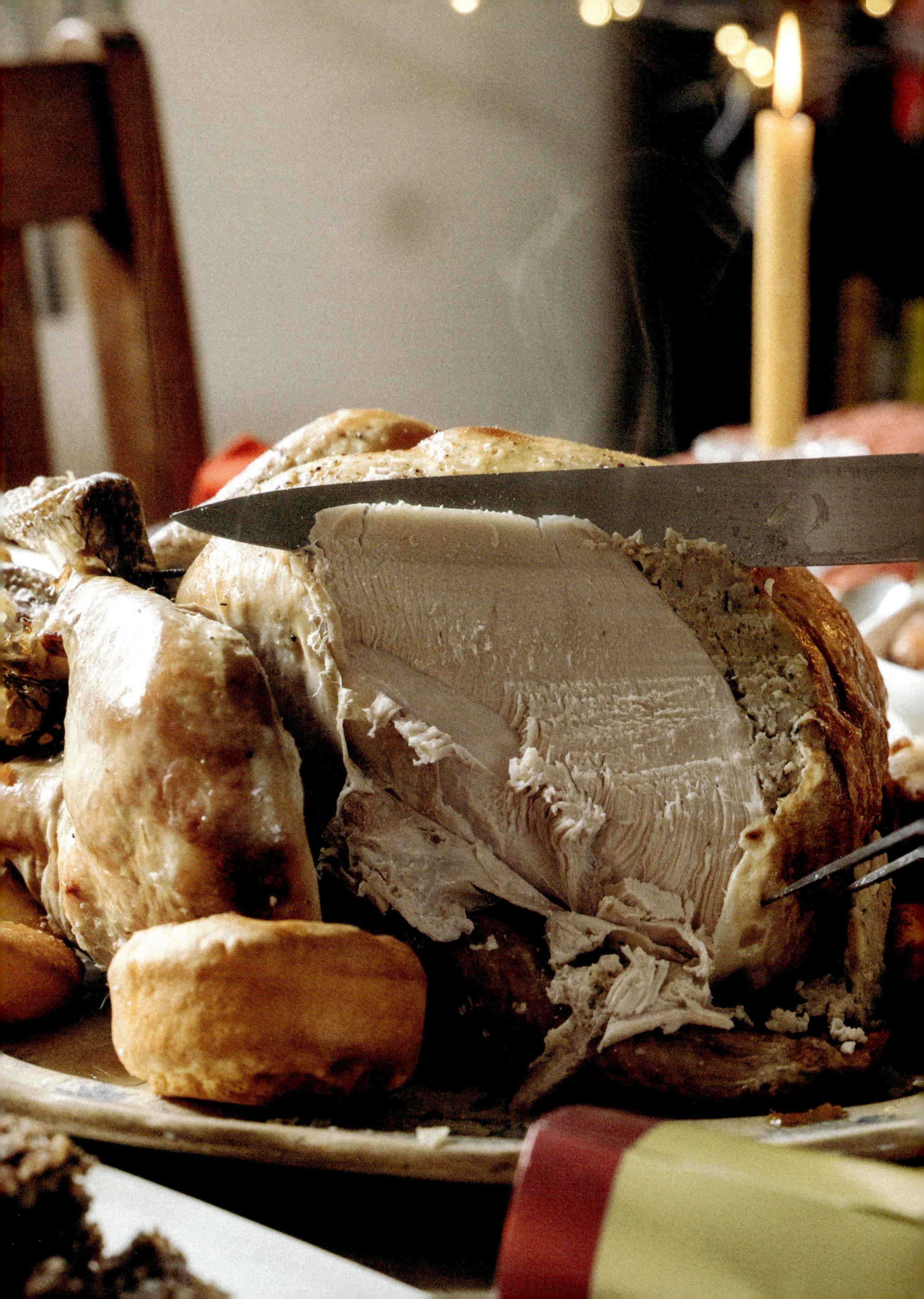

I STWFFIO'R TWRCI: STWFFIN SAETS A NIONOD

Mae cig gwyn twrci yn medru bod yn reit sych, ond dwi wedi ffendio fod modd ei gadw rhag sychu drwy osod stwffin sy'n cynnwys cig sosej rhwng y croen a'r frest. Mi fydd y braster o'r cig sosej yn toddi i mewn i'r twrci ac yn ei gadw rhag sychu.

I stwffio twrci mawr gyda dipyn dros ben i wneud peli stwffin:

Cynhwysion

1 nionyn wedi'i falu'n fân

50g menyn

125g briwsion bara

500g cig sosej

halen a phupur

dail saets

1 wy bach wedi'i guro

Dull

- Coginiwch y nionyn yn y menyn nes ei fod yn feddal – un ai mewn padell neu yn y microdon.
- Rhowch y nionyn wedi'i goginio mewn powlen fawr a gadael iddo oeri.
- Ychwanegwch y cynhwysion eraill i gyd a'u cymysgu'n dda.

TWRCI

Fyddai cinio Dolig ddim yn ginio Dolig i mi heb dwrci, er mai rhywbeth reit ddiweddar yn hanes cinio Dolig yng Nghymru ydi twrci. Mae'n debyg mai gŵydd fyddai'n arferol tan chwedegau'r ganrif ddiwethaf. Mae rhai'n dewis gŵydd o hyd, ac er mod i wedi coginio gŵydd yn y gorffennol, twrci sy'n ennill i mi. Mae 'na fwy o gig arno yn un peth, ac mae'r cig oer yn neisiach.

Mi fydda i'n stwffio'r twrci y noson cynt fel ei fod yn barod i fynd yn syth i'r popty yn y bore.

Cynhwysion

twrci

stwffin

hanner nionyn

perlysiau ffres fel teim, saets, rhosmari

menyn

Dull

Y noson cynt:

- Gwnewch y stwffin ar y dudalen hon.
- Tynnwch unrhyw fagiau o gig offal o du mewn i'r twrci. Mi fyddai fy nhad yn defnyddio'r *parson's nose* i wneud stoc; y ci sydd wedi bod yn cael hwn gen i.
- Codwch y croen llac sydd wrth wddw'r twrci ac yn ofalus, rhag i chi ei rwygo, gwthiwch eich bysedd rhwng cig y frest a'r croen i wneud poced. Gwnewch yr un peth i'r ddwy ochr.
- Gwthiwch y stwffin i mewn i'r boced nes bod cig y frest wedi'i orchuddio'n llwyr.
- Rhowch fwy o'r stwffin yn y gwddw a chodi'r croen yn ôl drosto, a'i wthio dan yr aderyn er mwyn cadw'r stwffin yn ei le. Os oes stwffin dros ben, rholiwch o'n beli bach i'w goginio gyda'r sosejys bach.
- Rhowch hanner nionyn a dyrnaid o berlysiau – fel teim, saets a rhosmari – i mewn ym mol yr aderyn (peidiwch â rhoi stwffin yn y bol).
- Taenwch fenyn dros y coesau ac ychydig dros y frest.
- Pwyswch y twrci (sgwennwch o i lawr rhag ofn i chi anghofio!) a'i roi mewn tun rhostio. Os ydi o'n glamp o dwrci, defnyddiwch glorian yr ystafell ymolchi i'w bwyso.
- Gorchuddiwch y twrci efo ffoil a'i roi yn yr oergell tan y bore.
- Dyma'r adeg i chi wneud syms! Penderfynwch pryd ydach chi am fwyta, tynnwch awr i ffwrdd o hynny, a dyna pryd fydd angen i'ch twrci fod yn barod. (Mi fydd ei gael yn barod awr cyn ei fwyta yn rhoi cyfle i'r sudd sydd yn y cig setlo, ac yn rhyddhau'r popty i chi fedru coginio pethau eraill.) Mi fydd yna gyfarwyddiadau coginio efo'ch twrci. Dilynwch nhw er mwyn gweithio allan am faint o amser fydd angen i'r twrci fod yn y popty, gan gofio y bydd angen ei dynnu o'r oergell a gadael iddo ddod i dymheredd yr ystafell am o leia hanner awr cyn ei roi yn y popty.

Diwrnod Dolig:

- Gadewch i'r popty gyrraedd y tymheredd cywir yn ôl y cyfarwyddiadau a ddaeth efo'r aderyn.
- Rhowch y twrci yn y popty efo'r ffoil yn llac drosto a'i goginio yn ôl y cyfarwyddiadau, gan ei dynnu allan bob hyn a hyn a'i drochi yn y sudd ddaw ohono. Mae'n werth gwirio ydi o'n barod yn gynt na'r disgwyl, achos yn fy mhrofiad i mae hynny'n digwydd yn aml! Ac mae'n bwysig peidio gorgoginio twrci, neu mi fydd yn rhy sych.
- I ddarganfod ydi'r twrci'n barod, rhowch sgiwer neu flaen cyllell i mewn yn y darn mwyaf trwchus o'r glun fel bod y sudd yn rhedeg allan. Os ydi hwn yn glir, mae'n barod. Os ydi'r sudd ychydig yn binc, rhowch y twrci yn ôl yn y popty. Neu defnyddiwch thermomedr i fesur y tymheredd.
- Pan mae'r twrci'n barod rhowch o o'r neilltu gan gadw'r ffoil drosto a rhoi dau liain sychu llestri glân dros hwnnw. Fe gadwith hyn y twrci'n gynnes nes y byddwch ei angen.

TORTH STWFFIN

Mi fydda i'n gwneud hon y noson cynt i arbed amser ar fore Dolig.

Cynnwys

- 1 pecyn cig moch brith (*streaky bacon*)
- 500g briwgig (*mince*) porc (neu defnyddiwch 500g o gig sosej)
- llond llaw o gnau castan (*vacuum packed chestnuts*)
- llond llaw o lugaeron (*cranberries*)
- dail teim ffres neu lond llwy de o deim wedi'i sychu
- halen a phupur

Dull

- Cynheswch y popty i 190°C / 170°C ffan / nwy 5 os ydach chi'n ei choginio'n syth.
- Irwch dun torth bach.
- Rhowch y briwgig, y cnau, y teim, halen a phupur mewn prosesydd bwyd a'u malu'n fân.
- Ychwanegwch y llugaeron.
- Tynnwch y cig moch o'r paced a rhedeg cefn cyllell dros bob tafell fel eu bod wedi'u hymestyn ychydig.
- Rhowch y tafelli o gig moch ar draws y tun torth i'w leinio – y syniad ydi y byddwch yn lapio'r cynnwys i gyd yn y cig moch.
- Gosodwch y gymysgedd cig dros y tafelli o gig moch.
- Dewch â'r tafelli o gig moch dros y gymysgedd i orchuddio'r cig yn llwyr, gan roi mwy o dafelli ar draws y top os nad ydi'r tafelli eraill yn cyrraedd.
- Lapiwch y tun mewn dwy haenen o ffoil.
- Gosodwch y tun mewn tun rhostio ac ychwanegu dŵr at hyd at ei ganol.
- Rhowch y cyfan yn y popty, trowch y gwres i lawr i 180°C / 160°C ffan / nwy 4 a'i goginio am awr, gan gadw llygad ar y dŵr ac ychwanegu mwy os bydd angen.
- Gadewch i'r dorth oeri yn y tun am ychydig.
- Tynnwch y ffoil a defnyddiwch gyllell i lacio'r ochrau os bydd raid, rhowch blât ar ben y tun a'i droi ben i waered.
- Tynnwch dun y dorth i ffwrdd yn ofalus.

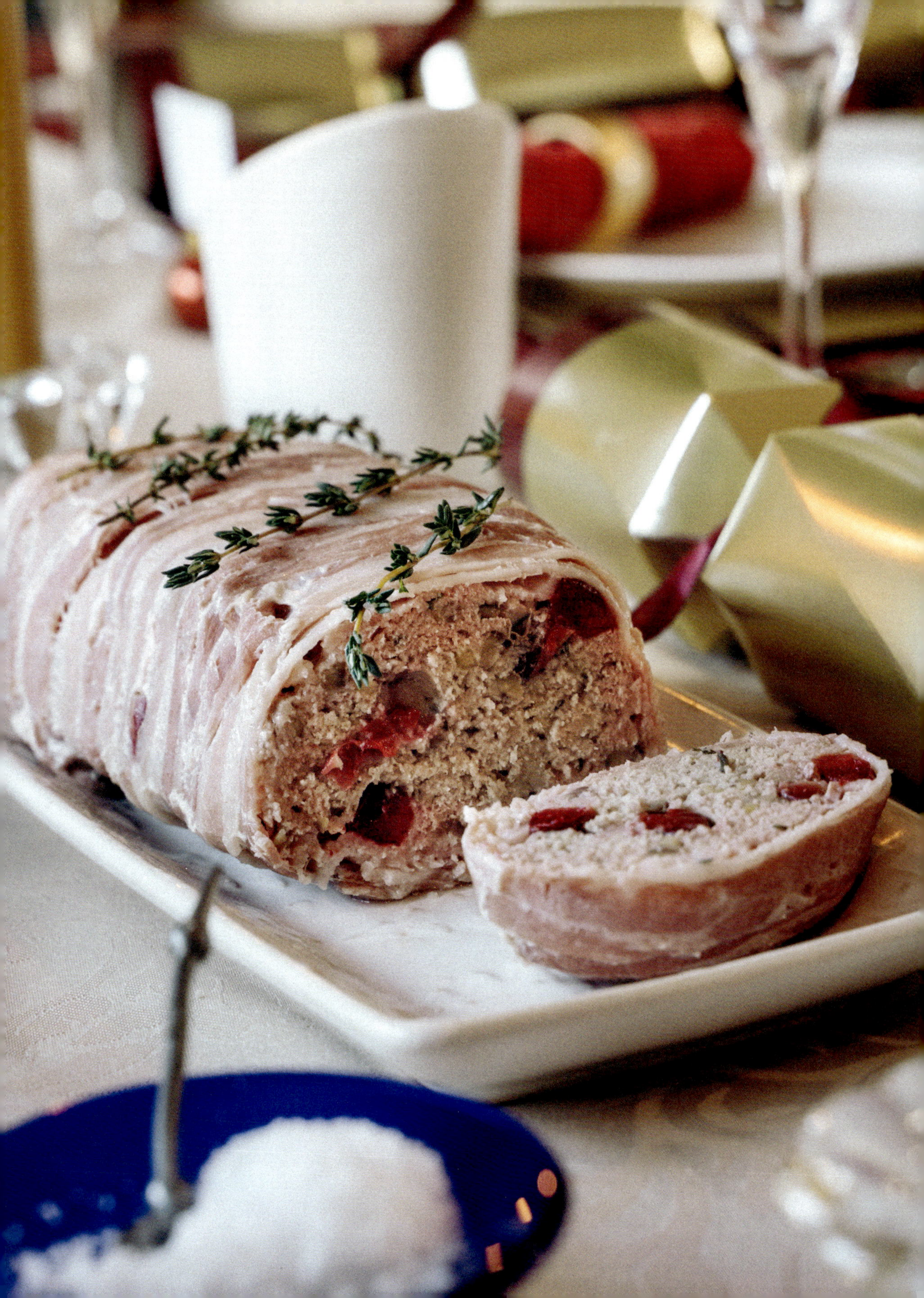

TATWS RHOST

Cynhwysion

tatws
halen a phupur
dail rhosmari
saim gŵydd neu hwyaden

Dull

- Cynheswch y popty i 190°C / 170°C ffan / nwy 5.
- Pliciwch a thorrwch y tatws yn ddarnau mawr o'r un maint.
- Rhowch nhw mewn sosbannaid o ddŵr oer, ei rhoi ar yr hob a chodi'r dŵr i'r berw.
- Pan fydd y dŵr yn berwi, trowch y gwres i lawr, a mudferwch am 3 munud.
- Tra mae'r tatws yn berwi, rhowch y saim gŵydd mewn tun rhostio sy'n ddigon mawr i'r tatws gael eu gosod yn un haen, a'i roi yn y popty i doddi a phoethi.
- Rhowch y tatws mewn hidlwr a'u gadael am gwpwl o funudau i gael gwared ar y stêm.
- Ysgydwch nhw nes bod eu hochrau'n dechrau chwalu.
- Taenwch halen môr, pupur a dail rhosmari drostyn nhw.
- Yn ofalus, tynnwch y tun rhostio o'r popty a gollwng y tatws i'r saim.
- Trochwch y tatws yn y saim cyn eu dychwelyd i'r popty a'u coginio am tua 45 munud nes eu bod wedi'u crasu'n dda. Trowch nhw bob hyn a hyn.

CABEJ COCH

I arbed amser, mi fedrwch wneud hwn y noson cynt a'i aildwymo.

Cynhwysion

1/2 cabejan goch
1 afal coginio bach
dyrnaid o syltanas
240ml seidr
ysgeintiad o sbeis cymysg
1 llond llwy de o siwgr brown

Dull

- Sleisiwch y gabejan yn stribedi tenau a'u rhoi mewn sosban efo'r seidr.
- Pliciwch a chwarteru'r afal, a'i dorri'n dafelli.
- Rhowch nhw yn y sosban efo gweddill y cynhwysion.
- Dewch â'r cyfan i'r berw yn raddol, yna rhowch gaead ar y sosban a'i fudferwi am tua hanner awr.

SOSEJYS BACH MEWN CIG MOCH

I arbed amser, gallwch baratoi'r rhain y noson cynt.

Cynhwysion

sosejys (*chipolatas* neu sosejys arferol)

tafelli o gig moch brith (*streaky bacon*)

Dull

- Gwasgwch ganol y sosej a gwthio'r cig i bob ochr fel bod canol y sosej yn wag.
- Trowch y canol drosodd a throsodd i un ochr, ac yna'i droi i'r ochr arall.
- Torrwch y canol fel bod ganddoch chi ddau sosej bach.
- Gwnewch yr un peth i bob sosej.
- Torrwch y tafelli cig moch yn eu hanner a thynnwch gefn cyllell dros bob darn i'w ymestyn ychydig cyn lapio pob tafell o amgylch y sosejys.
- Rhowch nhw ar dun pobi a'u coginio ar 190°C / 170°C ffan / nwy 5 am 25–30 munud.

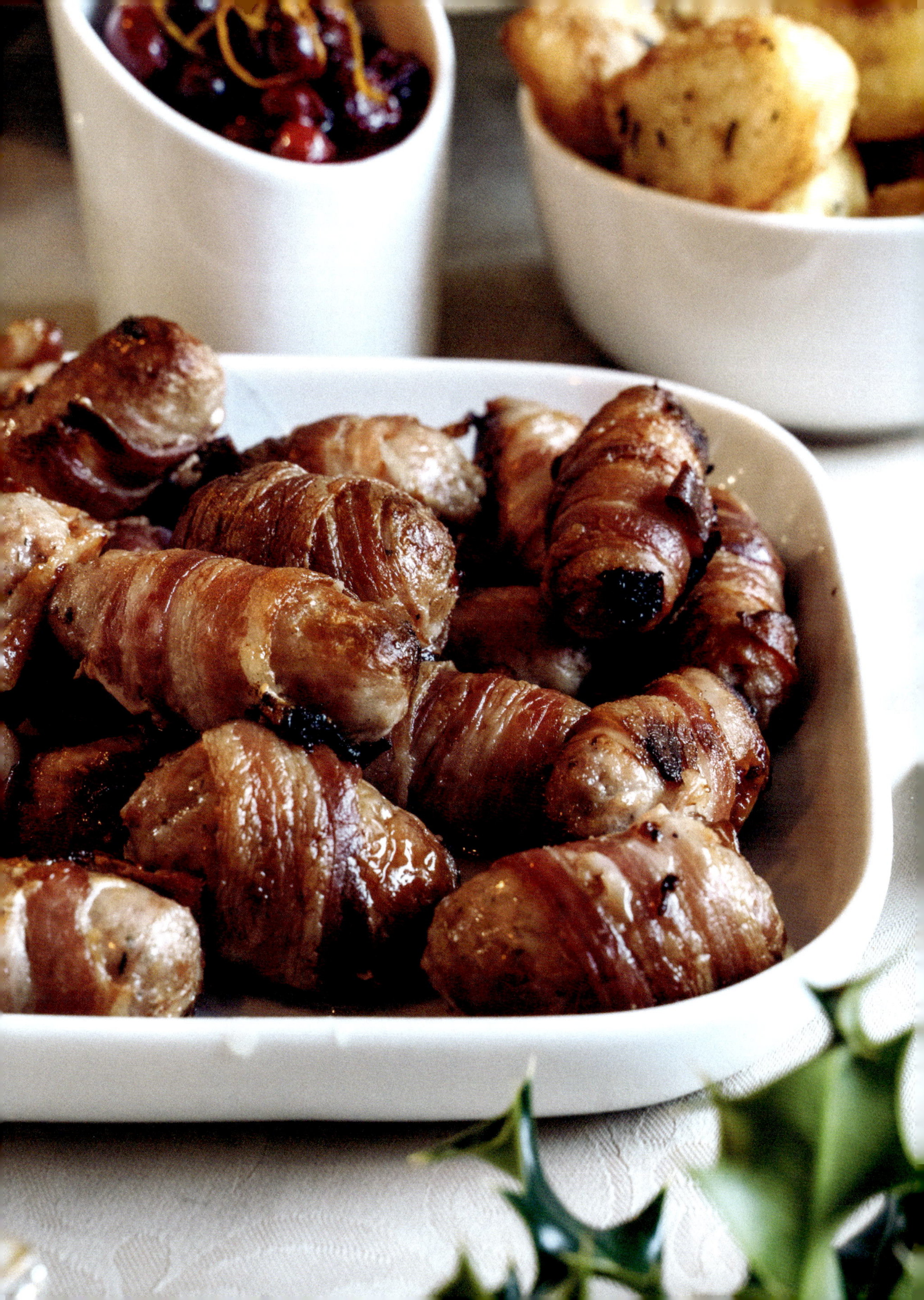

PANNAS MEWN SUROP MASARN (MAPLE SYRUP) NEU FÊL

Cynhwysion

pannas

olew

surop masarn (*maple syrup*) neu fêl

Dull

- Cynheswch y popty i 190˚C / 170˚C ffan / nwy 5.
- Pliciwch y pannas a'u torri'n stribedi bras o'r un maint.
- Trochwch y pannas mewn ychydig o olew mewn tun rhostio.
- Rhowch nhw yn y popty am 30 munud gan eu troi'n gyson.
- Tynnwch nhw allan a'u trochi mewn surop masarn neu fêl.
- Rhowch nhw yn ôl yn y popty am tua 10 munud arall nes eu bod wedi dechrau carameleiddio.

SBROWTS EFO *PANCETTA* (NEU *CHORIZO*)

Eu berwi ydi'r arfer efo sbrowts, ond ers rhai blynyddoedd dwi wedi bod yn eu gwneud fel hyn, gan amrywio'r pancetta a'r chorizo.

Cynhwysion

sbrowts

ciwbiau *pancetta* neu *chorizo*

Dull

- Golchwch y sbrowts a'u torri'n haenau tenau.
- Rhowch badell ffrio ar yr hob ac ychwanegu'r *pancetta* neu'r *chorizo*.
- Coginiwch nes ei fod fwy neu lai yn barod.
- Ychwanegwch y sbrowts a'u troi yn y badell am ychydig funudau yn unig i'w coginio.

PWDIN EFROG

Dwi erioed wedi gweini pwdin Efrog efo fy nghinio Dolig ond dwi'n credu fod rhai ohonoch chi'n gwneud, felly dyma fy rysáit!

Cynhwysion

olew llysieuol
2 wy mawr
100g blawd plaen
100ml llefrith
halen a phupur

Dull

- Cynheswch y popty i 225°C / 200°C ffan / nwy 9.
- Ychwanegwch ychydig bach o olew llysiau ym mhob un o'r 12 adran mewn tun pwdinau Efrog unigol.
- Rhowch y tun yn y popty am 10 munud nes bod yr olew yn boeth iawn.
- Yn y cyfamser, curwch yr wyau, y blawd, y llefrith a phinsiad o halen a phupur gyda'i gilydd mewn jwg nes eu bod yn ysgafn ac yn llyfn.
- Berwch ddŵr. Rhowch lond llwy fwrdd yn y gymysgedd a'i droi'n dda, gan drio gweithio'n sydyn. Tynnwch y tun o'r popty'n ofalus, yna arllwyswch y cytew yn gyfartal i'r adrannau.
- Rhowch y tun yn ôl yn y popty i goginio am 12–15 munud, neu nes bod y pwdinau wedi codi ac yn euraid.

GREFI

Fel y soniais ynghynt, mi fyddai Dad yn gwneud stoc efo parson's nose *y twrci, ond dwi wedi darganfod fod digon o sudd yn dod o'r twrci fel nad oes angen stoc ychwanegol. Ond, os ydi eich twrci yn fach, mi fedrwch wneud stoc drwy ferwi nionyn, moronen neu ddwy a choesyn seleri. Neu os ydych yn berwi unrhyw lysiau ar gyfer y pryd, defnyddiwch y dŵr hwnnw. Rhowch o mewn sosban efo unrhyw grafiadau o waelod y tun twrci (neu gwnewch y grefi yn y tun rhostio). I'w dewychu, rhowch lond llwy fwrdd o flawd corn (cornflour) mewn cwpan a'i gymysgu efo jest digon o ddŵr oer i wneud past. Ychwanegwch y past i'r grefi, ynghyd â halen a phupur. Codwch i'r berw a'i goginio am gwpwl o funudau.*

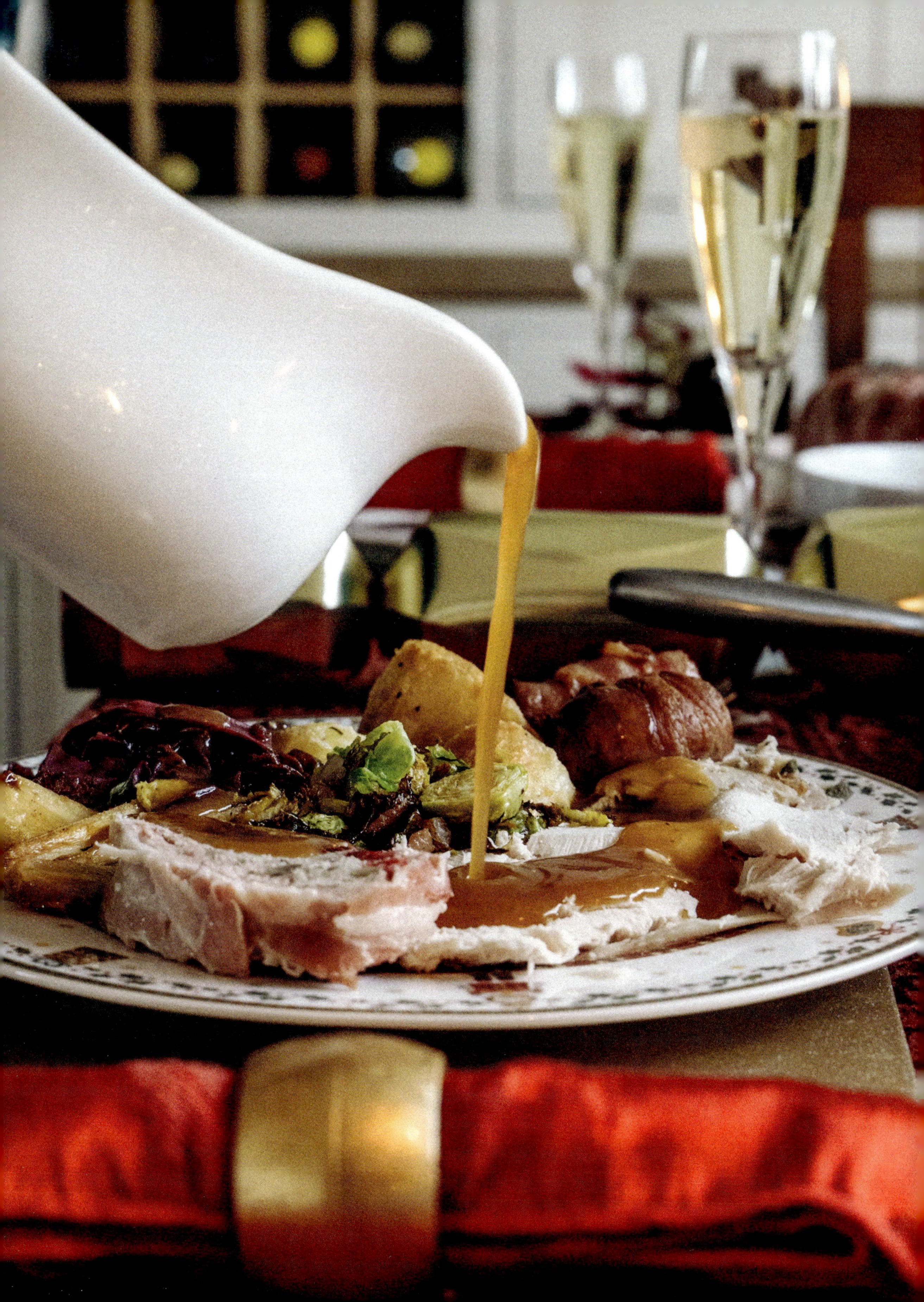

SAWS LLUGAERON (CRANBERRIES) EFO OREN A PHORT

Mae saws llugaeron cartref yn blasu'n wahanol iawn i'r un ddaw o'r jar, ac mae mor hawdd i'w wneud. Mi fedrwch ei wneud ymlaen llaw a'i rewi, neu mi gadwith yn yr oergell am hyd at wythnos.

Cynhwysion

250g llugaeron ffres

100g siwgr brown meddal

1 oren

4 llwy fwrdd o bort (os nad ydach chi am ddefnyddio port, defnyddiwch ddŵr)

Dull

- Gratiwch groen yr oren a'i roi mewn sosban efo sudd yr oren, y port (neu ddŵr), y llugaeron a'r siwgr.
- Rhowch ar wres cymedrol gan ei droi bob hyn a hyn nes bod y siwgr wedi toddi.
- Codwch i'r berw cyn troi'r gwres i lawr a'i fudferwi nes bod y llugaeron wedi 'popio', hynny yw fod croen y rhan fwyaf ohonyn nhw wedi cracio ond yr aeron yn dal eu siâp.
- Mi fydd y saws yn setio ymhellach wrth iddo oeri.

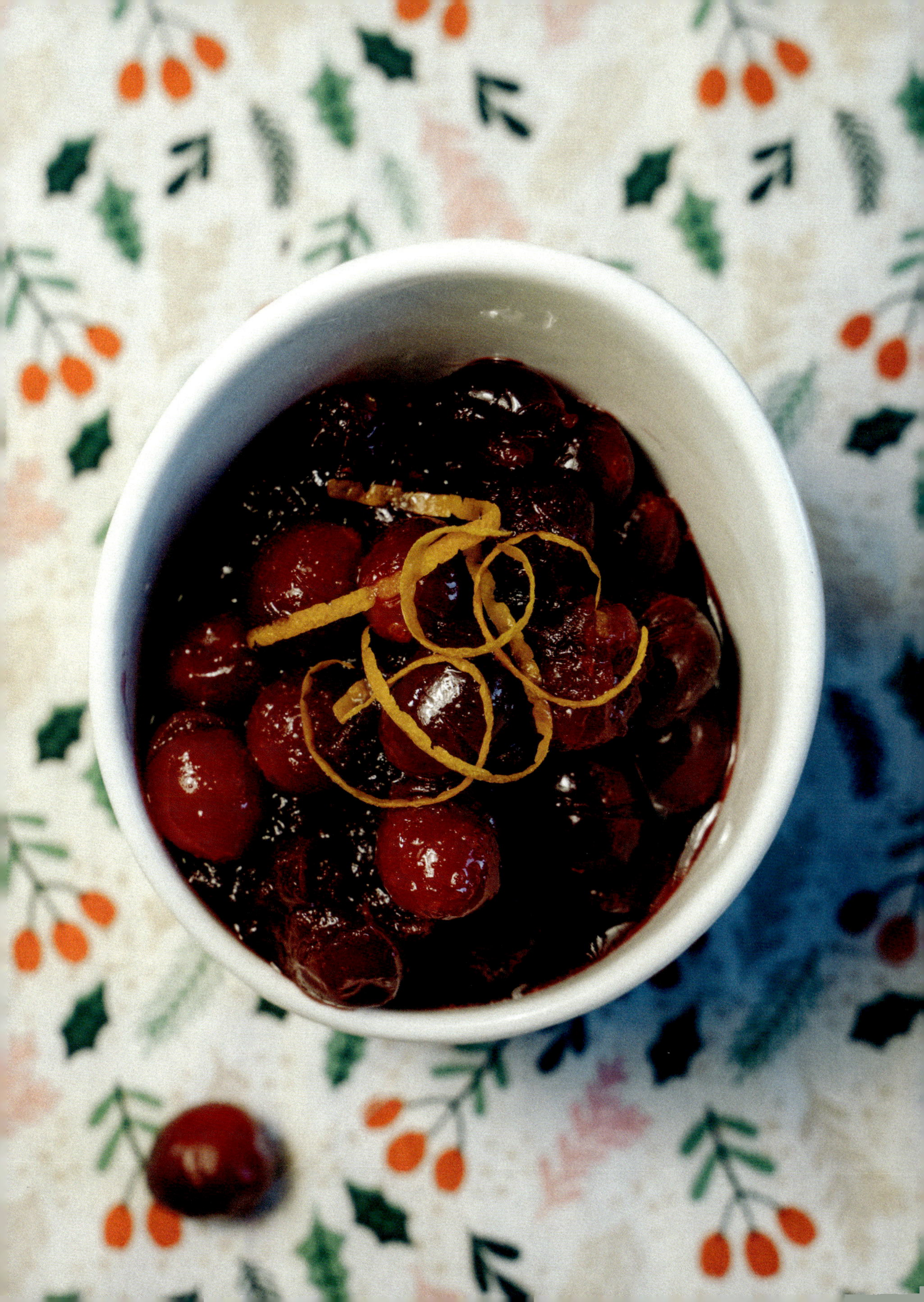

BOREK NADOLIGAIDD

Nid pawb sy'n bwyta cig ac nid pawb sy'n hoff o dwrci. Felly, dyma rywbeth o Dwrci i'w gynnig i chi yn ei le! Pei draddodiadol o Dwrci wedi'i gwneud efo toes ffilo ydi borek. Mae Leri, fy merch, yn coginio llawer mwy o brydau llysieuol na fi, a ganddi hi y cefais rysáit y borek Nadoligaidd yma. Mae'n cynnwys cymysgedd o gaws gafr a chaws ffeta, ond gallwch ddefnyddio dim ond un math o gaws.

Cynhwysion

1 paced toes ffilo (*filo pastry*)

35g menyn

100g caws gafr

100g caws ffeta

325g pwmpen cnau menyn (*butternut squash*)

dyrnaid o lugaeron (*cranberrries*) wedi'u sychu

dyrnaid o gnau Ffrengig (*walnuts*) wedi'u torri'n ddarnau bach

240g dail sbigoglys bach (*baby spinach leaves*)

1/4 llwy coriander

1/4 llwy cwmin

1/2 llwy sinamon

1/2 llwy sinsir

1/2 llwy o bupur Jamaica (*allspice*)

1 wy wedi'i guro

hadau sesame / *nigella* (nionyn du)

Dull

- Cynheswch y popty i 200˚C / 180˚C ffan / nwy 5.
- Torrwch y bwmpen yn sgwariau bach a throchwch nhw mewn ychydig o olew cyn eu rhoi yn haenen ar dun pobi.
- Rhostiwch am tua 20–25 munud nes eu bod yn feddal, gan eu troi drosodd bob hyn a hyn.
- Irwch ddysgl pei yn dda.
- Torrwch y caws gafr yn ddarnau mewn powlen fawr.
- Torrwch y sbigoglys yn ddarnau a'u rhoi mewn sosban, efo dropyn o ddŵr, dan gaead ar wres uchel nes bod y dail wedi gwywo; bydd hyn yn digwydd yn sydyn.
- Gwagiwch y dŵr, gan ei wasgu o'r dail efo cefn llwy, a rhoi'r sbigoglys yn y bowlen fawr.
- Ychwanegwch y coriander, cwmin, sinamon, sinsir, pupur Jamaica (*allspice*), llugaeron wedi sychu, a'r cnau.
- Pan fo'r darnau pwmpen yn barod, ychwanegwch nhw i'r gymysgedd.
- Toddwch fenyn mewn sosban neu yn y microdon.
- Rhowch ychydig o flawd ar y bwrdd ac estynnwch dafell o'r toes ffilo (cadwch y gweddill yn y paced rhag iddyn nhw sychu), a pheintio menyn wedi toddi drosti.
- Rhowch stribed o'r llenwad (hanner y gymysgedd) ar hyd un ochr hir o'r toes, gan adael stribed o chydig mwy na lled y llenwad ar yr ochr. Yn ofalus, codwch y toes dros y llenwad i'w orchuddio, a pharhau i rolio ar hyd y toes nes bod ganddoch un sosej hir.
- Gwnewch yr un peth efo tafell arall o does.
- Cymerwch un ochr o'r sosej, ei rholio'n sbiral a'i roi i mewn yn y ddysgl pei.
- Ychwanegwch y sosej arall ato.
- Peintiwch wy wedi'i guro dros y pei a thaenu'r hadau drosto.
- Coginiwch am 15–20 munud nes bod y pei wedi crasu.

TORTH GNAU EFO GREFI MADARCH A GWIN COCH

Un o'r prydau llysieuol cynta i mi ei goginio, 'nôl yn y 90au, oedd rhost cnau. Mae wedi datblygu i fod yn rysáit draddodiadol ar gyfer cinio Nadolig llysieuol erbyn hyn. Felly, fedrwn i ddim peidio â chynnig un yma. Dwi wedi llwytho hon efo blasau traddodiadol Nadoligaidd fel cnau castanwydd, llugaeron a phannas.

Cynhwysion

20g menyn

1 nionyn coch wedi'i falu'n fân

2 banasen wedi'u gratio (tua 140g)

125g madarch *chestnut*

150g cnau cymysg (*cashews* a chnau cyll ydi fy ffefrynnau i) wedi'u malu'n ddarnau, ddim rhy fân

180g cnau castanwydd (*vacuum-packed chestnuts*) wedi'u malu'n ddarnau, ddim rhy fân

2 lond llwy de o ddail saets ffres wedi'u malu'n fân

40g llugaeron (*cranberries*) wedi'u sychu

100g briwsion bara brown

llond llwy fwrdd o bowdwr madarch wedi'i sychu (os medrwch chi gael peth, ond 'sdim ots os na fedrwch)

2 wy wedi'u curo

halen a phupur

Dull

- Cynheswch y popty i 180°C / 160°C ffan / nwy 4, ac irwch a leinio tun torth tua 20cm × 10cm × 7cm, neu rhowch gasyn papur yn y tun.
- Toddwch y menyn mewn padell fawr a ffrio'r nionyn nes ei fod wedi dechrau meddalu.
- Ychwanegwch y pannas a'r madarch a'u coginio nes bod y madarch wedi'u coginio.
- Rhowch bopeth mewn powlen fawr, ychwanegwch yr holl gynhwysion eraill a'u cymysgu'n dda.
- Rhowch y gymysgedd yn y tun torth a'i gwasgu i lawr yn dda efo'ch llaw neu gefn llwy fwrdd.
- Pobwch am 35–45 munud nes ei fod wedi crasu.
- Gadewch iddo oeri ychydig cyn ei droi allan.

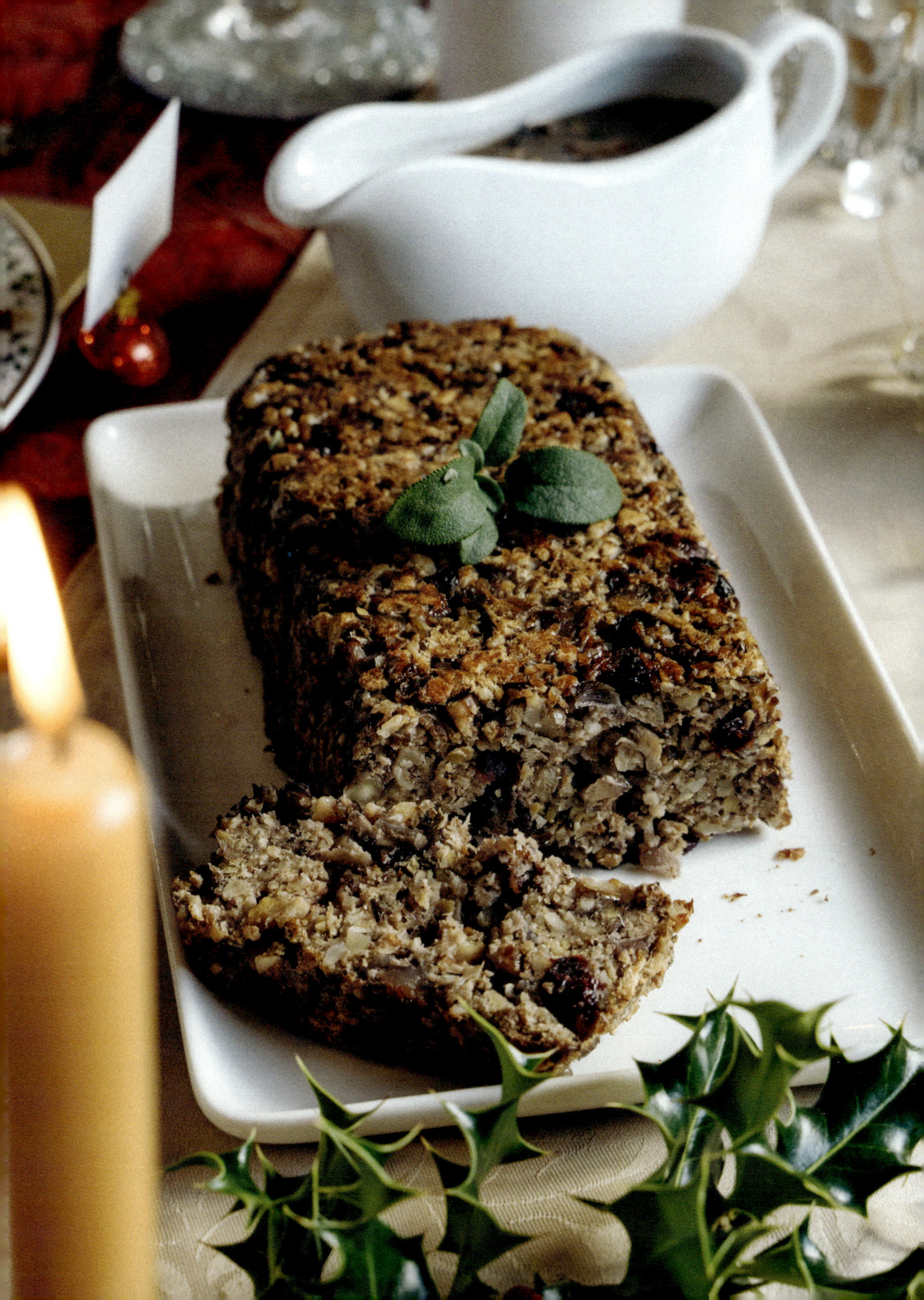

GREFI MADARCH

Cynhwysion

25g menyn

1 nionyn coch bach wedi'i dorri'n dafelli tenau

100g madarch wedi'u sleisio'n denau

1 llwy fwrdd o flawd plaen

stoc llysiau

halen a phupur

ychydig o ddail teim ffres neu 1 llwy de o deim sych

1 llond llwy fwrdd o sieri (os dymunwch)

Dull

- Toddwch y menyn mewn sosban ac ychwanegu'r nionyn. Gadewch i'r nionyn feddalu ychydig cyn ychwanegu'r madarch.
- Rhowch gaead ar y sosban a gadael i'r madarch a'r nionyn goginio.
- Wedi iddyn nhw goginio, ychwanegwch y llwy fwrdd o flawd gan ei droi'n dda.
- Yn raddol, ychwanegwch y stoc gan droi nes i chi gyrraedd trwch sy'n plesio (mae rhai'n hoff o grefi trwchus ac eraill yn hoffi grefi tenau!).
- Ychwanegwch y teim, halen a phupur, a'r sieri os ydach chi'n ei ddefnyddio.
- Coginiwch am ryw funud arall.

SATAY TWRCI

Dyma i chi rysáit i ddefnyddio twrci dros ben – un hynod syml a sydyn. Gallwch ei fwyta mewn salad fel hyn, neu ei roi mewn brechdan neu daten drwy'i chroen.

Cynhwysion

twrci wedi'i goginio a'i dorri'n stribedi tenau

1 llwy fwrdd menyn cnau mwnci (*peanut butter*)

1/2 llwy fwrdd saws tsili melys (*sweet chilli sauce*)

sudd 1/2 leim

1 llwy fwrdd saws soi

60ml llaeth coconyt

dyrnaid o ddail coriander ffres wedi'u malu'n fân

dail letys *gem* neu *iceberg*

Dull

- Cymysgwch bopeth, heblaw'r twrci, mewn powlen fawr.
- Ychwanegwch y twrci a chymysgu'n dda.
- Dewiswch ddail letys o tua'r un maint i fod yn gwpanau i ddal y twrci.
- Rhannwch y twrci rhwng y dail.

HAM WEDI'I ROSTIO EFO MWSTARD A MARMALÊD

Dyma i chi rywbeth arall fydda i'n ei wneud bob Dolig yn ddi-ffael. Mi fydda i wrth fy modd efo sleisys trwchus ohono efo twrci oer i swper diwrnod Dolig. Ar fy mhlât, o amgylch y cig oer, mi fydda i'n gosod llwyeidiau o'r gwahanol tsytnis fydda i wedi'u gwneud nes ei fod yn edrych yn debyg i balet artist! Dros y blynyddoedd dwi wedi berwi ac wedi rhostio ham, ac erbyn hyn wedi setlo ar gyfuniad o'r ddau.

Cynhwysion

darn o ham
mwstard bras
marmalêd

Dull

- Y diwrnod cyn i chi goginio'r ham, darllenwch y label i weld a oes angen ei roi i fwydo dros nos (neu gofynnwch i'ch cigydd wrth ei brynu), a gwnewch hynny os bydd angen.
- Cynheswch y popty i 180°C / 160°C ffan / nwy 4.
- Pwyswch y cig a nodi'r pwysau.
- Os oes ganddoch chi un, rhowch drybedd (*trivet*) fetel mewn tun rhostio mawr a'r ham ar ei ben. Os nad oes ganddoch chi drybedd, gallwch ddefnyddio darn mawr o ffoil wedi'i grebachu.
- Rhowch ddŵr yn y tun nes ei fod yn hanner llawn.
- Gwnewch babell o ffoil dros y tun cyfan. Peidiwch â gadael i'r ffoil gyffwrdd yr ham os medrwch chi beidio, a seliwch yr ochrau'n dda fel bod yr ham yn coginio yn y stêm.
- Coginiwch yr ham am 30 munud i bob 450g o'i bwysau + 15 munud yn ychwanegol, gan wirio bob hyn a hyn fod yna ddŵr yn y tun ac ychwanegu mwy os oes rhaid.
- Cymysgwch lond llwy fwrdd o fwstard a llond llwy fwrdd o farmalêd mewn cwpan.
- Tynnwch yr ham o'r popty a thynnu'r ffoil, ac yn ofalus efo cyllell finiog torrwch haenen ucha'r croen i ffwrdd gan adael haen o fraster ar ôl.
- Sgoriwch y braster yn groesymgroes (*criss cross*).
- Rhowch y gymysgedd mwstard dros yr ham a'i roi yn ôl yn y popty, heb y ffoil, am 15 munud arall, gan wylio rhag i'r marmalêd a'r mwstard ddechrau llosgi.
- Gadewch iddo sefyll am ychydig cyn ei dorri.

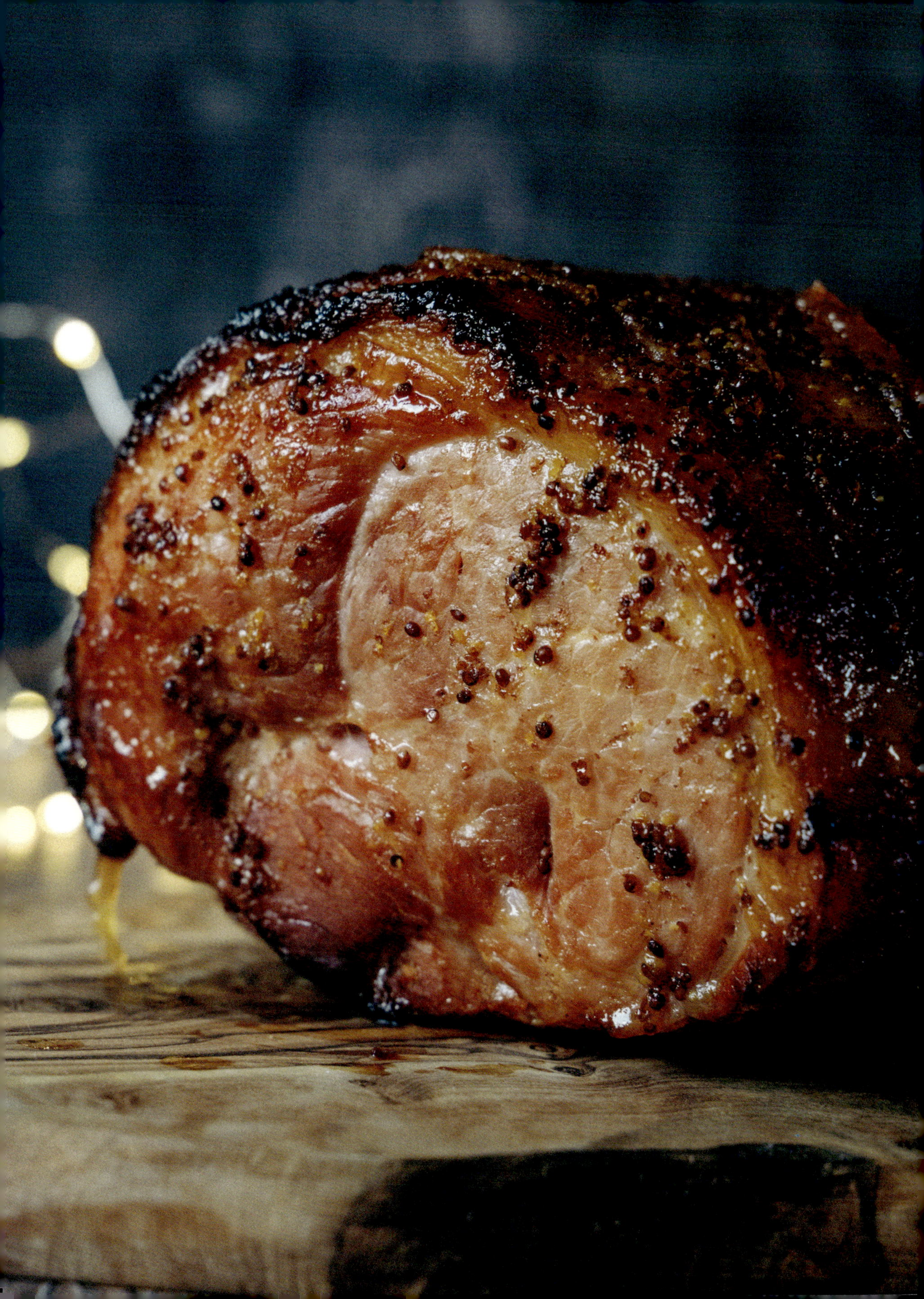

PEI DOLIG

Pan oeddwn i'n blentyn, mi fyddai Mam yn dechrau darparu at y Dolig wythnosau ymlaen llaw – prynu bocseidiau o dda-da a'u cuddio, ynghyd â chnau a bisgedi, ac yna'u tynnu allan ar noswyl Dolig a'u gosod hyd y tŷ. Doedd neb i'w cyffwrdd tan y diwrnod mawr, a byddai Mam yn ffraeo'n arw os oedd Dad yn meiddio agor un cynt. Mi fyddai hi'n coginio'r ham y noson cynt, ond doedd neb yn cael darn. Efallai mai'r ffaith mod i'n cofio rhwystredigaeth y 'Look, don't touch' sydd wedi fy arwain i wneud pethau'n wahanol. Ac mae ein dathlu ni'n dechrau ar noswyl Nadolig pan fydda i'n coginio'r ham ac y bydd pawb yn cael sleisen bob un i de efo hon – fy mhei Dolig. Pan fydd y plant yn dod i aros dros Dolig, maen nhw'n disgwyl hon erbyn hyn. Felly, dyna draddodiad arall!

Cynhwysion

Toes

300g blawd plaen

pinsiad o halen

100g lard

110ml o ddŵr

Llenwad

1 nionyn wedi'i falu'n fân

500g mins porc (neu gig sosej)

500g brest cyw iâr

100g briwsion bara

85g bricyll (*apricots*)

50g cnau pistasio

100g llugaeron (*cranberries*)

2 llwy de o ddail teim ffres

halen a phupur

ychydig o olew

wy wedi'i guro i'w roi dros y pei

Dull

- Cynheswch y popty i 200°C / 180°C ffan / nwy 5.
- Torrwch y frest cyw iâr yn stribedi cymharol denau a'u ffrio am tua 6 munud nes eu bod wedi brownio.
- Ffriwch y nionyn ac yna'i roi mewn prosesydd bwyd efo'r briwsion bara, y porc, y teim, halen a phupur, a'u malu'n fân.
- Torrwch y bricyll a'r cnau yn ddarnau mân a'u rhoi mewn powlen fawr.
- Ychwanegwch y gymysgedd cig a'i throi'n dda.
- Rhowch y lard a'r dŵr mewn sosban ar wres cymedrol nes bod y lard wedi toddi.
- Rhowch y blawd a'r halen mewn powlen fawr a thywalltwch y gymysgedd o lard a dŵr iddo.
- Cymysgwch efo llwy bren i ffurfio toes.
- Taenwch ychydig o flawd dros y bwrdd, a gan weithio'n sydyn rhag i'r toes oeri, torrwch y toes yn ddau ddarn gan wneud yn siŵr fod un darn ychydig yn fwy na'r llall.
- Rholiwch y darn mwyaf fel ei fod yn ddigon mawr i lenwi tun crwn (*springform*) 20cm, â dyfnder 5cm o leiaf.
- Rhowch y toes yn y tun a'i wthio i'r ymylon.
- Rholiwch yr ail ddarn yn ddigon mawr i ffurfio caead i'r pei.
- Rhowch hanner y gymysgedd cig yn y pei.
- Taenwch y tafelli o gyw iâr ar ei ben.
- Rhowch weddill y gymysgedd cig ar ben y cyw iâr.
- Rhowch y caead toes ar y pei gan wneud yn siŵr bod peth o'r toes yn hongian dros ochr y tun.
- Peintiwch wy ar hyd ymyl y pei a phlygwch y rhimyn o does dros y caead gan ei wasgu i lawr i selio'r pei.
- Peintiwch weddill y pei efo'r wy.
- Torrwch dri twll efo blaen cyllell yng nghanol y pei er mwyn i stêm fedru dianc.
- Rhowch hi ar dun pobi (rhag iddi ollwng a gwneud llanast yn eich popty) yn y popty am 30 munud, ac yna troi'r gwres lawr i 180°C / 160°C ffan / nwy 4, a'i choginio am 40 munud arall.
- Gadewch iddi setlo am ychydig funudau cyn ei thynnu allan yn ofalus.
- Gallwch ei bwyta yn gynnes neu'n oer.

PEI EOG

Mi wnes i ddechrau gwneud hon fel rhan o bwffe pan fyddai'r teulu'n dod draw rhwng Dolig a'r flwyddyn newydd ac mi fyddai hi wastad yn cael derbyniad da. Erbyn hyn, dwi'n ei gwneud hi i de yn amal gan ei bod mor hawdd a sydyn.

Cynhwysion

Paced o does *puff* wedi'i rowlio'n barod

tun mawr o eog

1 pupur melyn neu oren

3–4 tomato

2 lond llwyaid fawr o *mayonnaise*

dyrnaid o bersli wedi'i falu'n fân

1 wy wedi'i guro

ychydig o hadau nionyn neu hadau sesame

Dull

- Cynheswch y popty i 200°C / 180°C ffan / nwy 5.
- Irwch dun pobi.
- Tynnwch y toes o'r oergell – os gwnewch chi hynny ryw 10 munud cyn i chi fod ei angen, mi fydd yn haws i'w ddadrolio.
- Dadroliwch y toes a'i roi ar y tun pobi.
- Torrwch y pupur a'r tomatos yn ddarnau bach a'u rhoi mewn powlen fawr.
- Gwagiwch yr hylif o'r tun eog a rhowch yr eog, y *mayonnaise* a'r persli yn y fowlen a'u cymysgu'n dda gan ychwanegu halen a phupur at eich dant.
- Taenwch y gymysgedd ar hyd canol y toes yn un stribed hir, gan adael digon o le bob ochr.
- Cymerwch gyllell finiog, a gan ddechrau tua 1.5cm o'r top gwnewch hollt o un ochr nes ei fod bron yn cyffwrdd y gymysgedd. Gwnewch yr un fath ar ochr arall y gymysgedd, yn union gyferbyn a'r un maint â'r hollt gyntaf. Bydd angen i chi ddod â'r ddau ddarn at ei gilydd yn nes ymlaen.
- Gwnewch yr un peth eto efo tua 1cm i 1.5cm rhwng pob hollt reit ar hyd y toes.
- Gwlychwch flaenau'r stribedi ar yr ochr chwith efo ychydig o ddŵr.
- Dewch â'r stribed cyntaf ar yr ochr dde ar draws y gymysgedd i'w ganol.
- Dewch â'r stribed cyntaf ar yr ochr chwith tuag ato, gan ddod â fo dros yr un cyntaf a'i wthio i lawr fel ei fod yn gludo wrth y llall.
- Gwnewch yr un peth yr holl ffordd ar hyd y toes, gan dynnu'r stribedi i lawr ychydig wrth wneud.
- Tacluswch y top a'r gwaelod er mwyn gwneud yn siŵr na fydd y llenwad yn dod allan.
- Brwsiwch wy dros y cyfan a thaenu'r hadau drosto.
- Pobwch am tua 25–30 munud hyd nes bod y toes wedi crasu. Cadwch olwg arno rhag ofn ei fod yn crasu'n rhy gyflym cyn iddo goginio'n iawn oddi tano. Os ydi hynny'n digwydd, trowch y gwres i lawr.

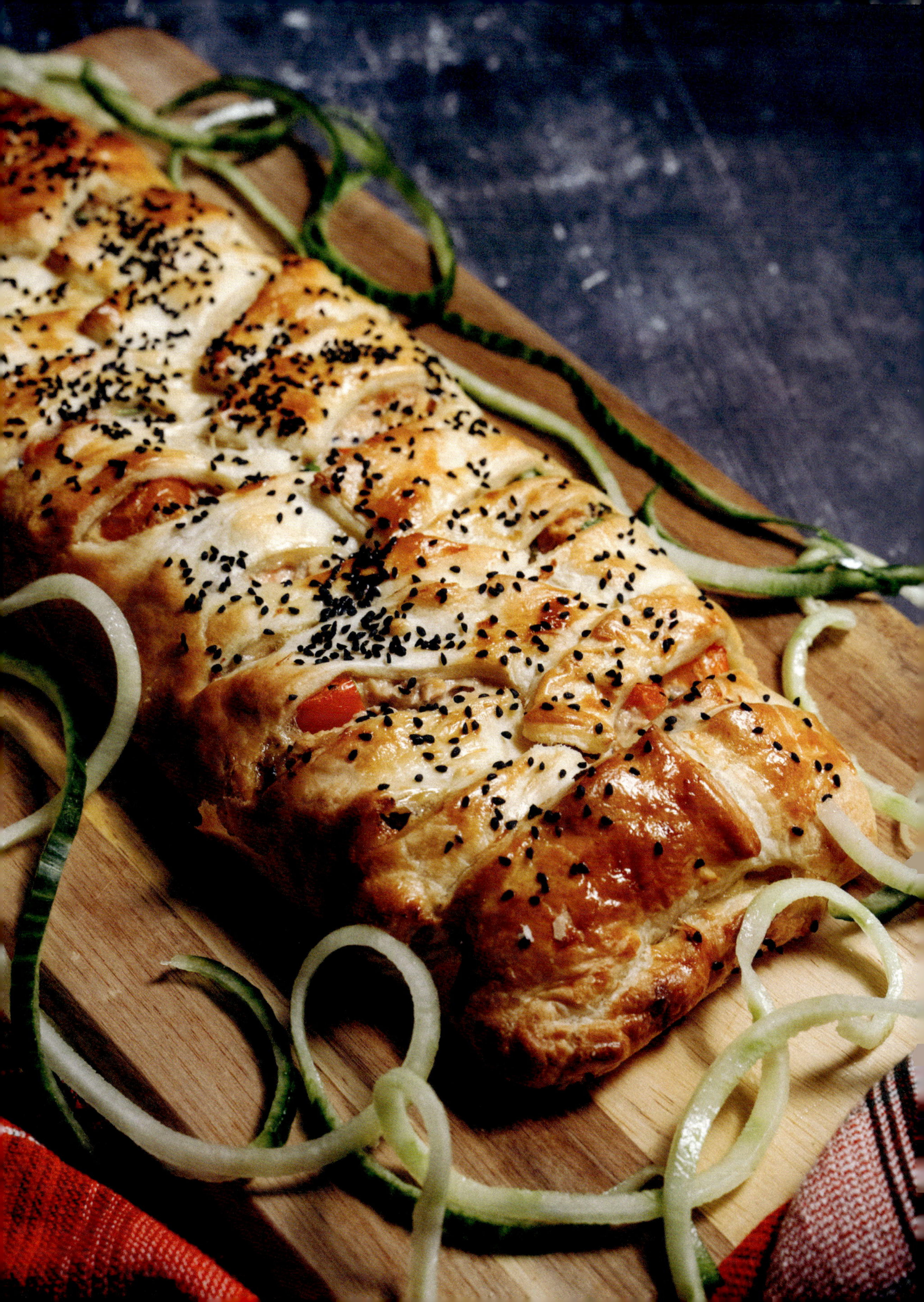

PEI TWRCI A HAM

Dwi wrth fy modd efo te diwrnod Dolig – cigoedd oer, stwffin, tsytni a salad. Dwi'n ei fwynhau bron cymaint â dwi'n mwynhau fy nghinio. Mi fydda i'n prynu twrci mawr fel bod digon dros ben i'w fwyta'n oer, a hefyd i wneud pei. Mae hon hefyd wedi dod yn dipyn o draddodiad yn ein tŷ ni ac yn ffordd dda o ddefnyddio unrhyw dwrci a ham dros ben. Bob bore Gŵyl San Steffan mi fydda i'n lapio'n gynnes ac yn mynd am dro efo'r teulu i fyny i'r bryniau uwchben fy nghartref yn Rhosgadfan. A dod adra i blatiad o hon efo tsips – nefoedd!

Mi fedrwch ei gwneud unrhyw adeg o'r flwyddyn gan ddefnyddio cyw iâr yn lle twrci.

Cynhwysion

1 pecyn toes haenog (*flaky pastry*) wedi'i rolio'n barod

30g menyn

1 llond llwy fwrdd o flawd plaen

1 coesyn cennin bach wedi'i lanhau a'i sleisio'n ddarnau

400–500ml grefi dros ben (neu stoc cyw iâr neu gymysgedd o'r ddau)

150ml hufen (sengl, dwbwl, *crème fraîche* – beth bynnag sydd ganddoch. Os nad oes ganddoch chi hufen mae'n ddigon blasus hebddo, neu gallwch ychwanegu llefrith.)

dyrnaid da o dwrci wedi'i goginio a'i dorri'n ddarnau

dyrnaid da o ham wedi'i goginio a'i dorri'n ddarnau

halen a phupur

1 wy wedi'i guro

dyrnaid o bersli ffres wedi'i falu'n fân

Dull

- Cynheswch y popty i 200°C / 180°C ffan / nwy 6.
- Irwch ddysgl pei. Gorau oll os oes ganddoch chi un yr un siâp a maint â'ch toes.
- Toddwch y menyn mewn sosban fawr a choginio'r cennin ynddi, dros wres isel dan gaead, nes ei fod yn feddal.
- Ychwanegwch y blawd a chymysgwch yn dda.
- Ychwanegwch y grefi (neu'r stoc) yn raddol gan ei droi drwy'r amser nes bod ganddoch chi saws eitha trwchus.
- Coginiwch am gwpwl o funudau cyn ychwanegu'r hufen
- Blaswch ac ychwanegu halen a phupur os oes angen.
- Coginiwch ar wres isel am ryw funud arall.
- Tynnwch y sosban oddi ar yr hob ac ychwanegu'r darnau o dwrci a'r ham.
- Rhowch y cyfan yn y ddysgl.
- Dadroliwch y toes a'i roi ar ben y gymysgedd (mi fydd raid rholio ychydig mwy os ydi siâp eich dysgl yn wahanol).
- Torrwch dri hollt bach ar dop y pei er mwyn i stêm fedru dianc drwyddyn nhw.
- Peintiwch yr wy dros y pei a rhowch y ddysgl ar dun pobi rhag ofn i'r saws ferwi drosodd.
- Coginiwch am tua 30–40 munud nes bod y pei wedi crasu a'r cig wedi coginio drwyddo.

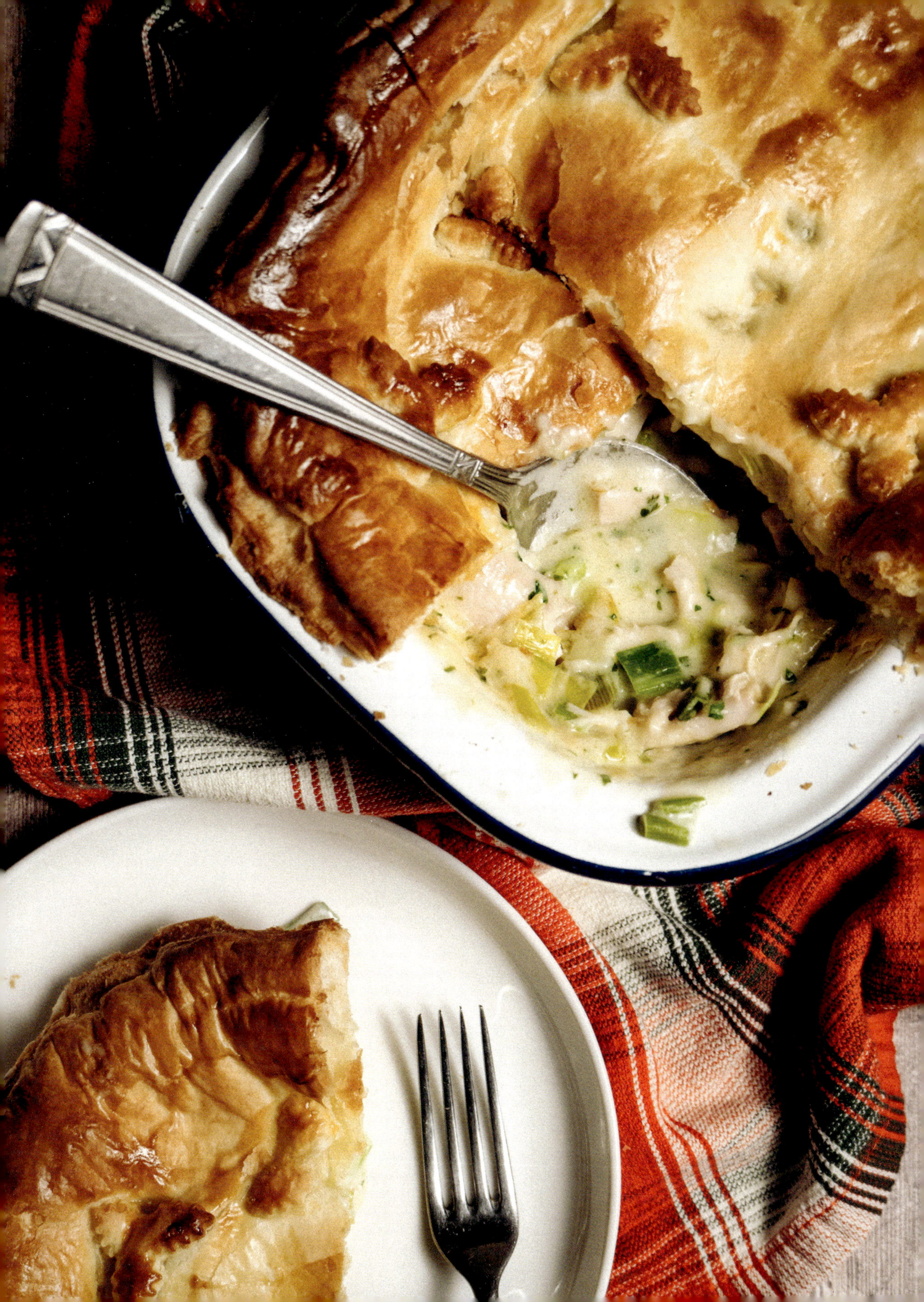

CYRRI TWRCI A SAWS LLUGAERON

Doeddwn i ddim yn ffan o gyrris pan oeddwn i'n ifanc ac mae gen i gywilydd dweud, pan fyddwn i'n mynd i'r bwyty Indiaidd yn Aberystwyth pan oeddwn i'n fyfyriwr, y peth mwya mentrus fyddwn i'n ei ddewis oedd tandoori chicken – efo tsips! Mi welais y goleuni ychydig flynyddoedd yn ddiweddarach, ac erbyn hyn dwi wrth fy modd efo cyrris o bob math. Ond hwn oedd y cyrri cynta i mi wneud erioed. Roeddwn i newydd briodi ac wedi archebu fy nhwrci cynta (coginio twrci fy rhieni roeddwn i wedi'i wneud cyn hyn) a heb fawr o syniad pa bwysau oeddwn i ei angen. Roedd y twrci a gyrhaeddodd yn llawer rhy fawr i ddau. Felly, roedd yn rhaid meddwl beth i'w wneud efo'r gweddillion, a dyma fentro gwneud cyrri. Dwi'n dal i'w wneud o bob blwyddyn – a hynny ers 1986!

Cynhwysion

1 nionyn wedi'i falu'n fân

llwyaid o olew

3 clof garlleg

llond llwy fwrdd o bowdwr cyrri cymedrol (*mild*)

tun o domatos wedi'u torri'n ddarnau

dyrnaid o syltanas

llond llwy fwrdd o saws llugaeron (*cranberry*)

twrci wedi'i dorri'n ddarnau

Dull

- Coginiwch y nionyn yn yr olew mewn padell neu sosban ar wres cymedrol nes ei fod yn hollol feddal.
- Ychwanegwch y garlleg a choginio am gwpwl o funudau eto.
- Ychwanegwch y powdwr cyrri a'i droi'n dda. Coginiwch am gwpwl o funudau.
- Tywalltwch y tun tomatos i mewn i'r badell.
- Ychwanegwch y saws llugaeron, y syltanas a'r twrci.
- Coginiwch am tua 15 munud nes bod y twrci wedi coginio drwyddo.
- Ychwanegwch halen a phupur at eich dant.

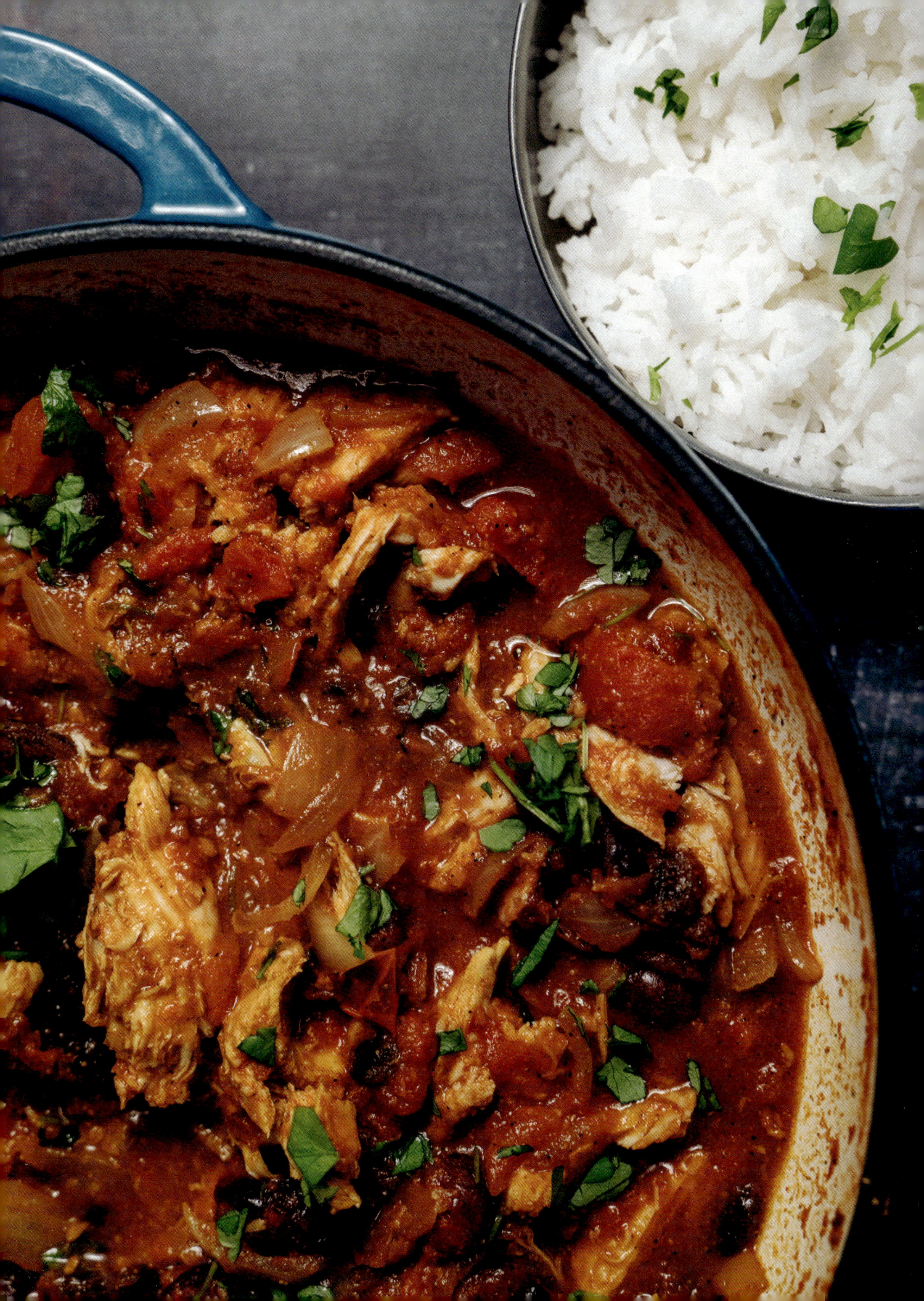

PASTA EFO SAWS CAWS

Rhywbeth arall fydd dros ben yn aml adeg Dolig ydi caws. Dwn i'm faint o weithiau dwi wedi prynu amrywiaeth o gawsiau, ond yn methu ffendio lle i'w bwyta gan fy mod mor llawn o bethau eraill! Gyda'r dyddiad sell-by yn prysur agosáu wedyn, mae'n ras i feddwl beth i'w wneud efo'r holl gaws. Dyma un syniad. Mae'n well defnyddio cawsiau sy'n toddi, fel Cheddar, Red Leicester, Double Gloucester, Gruyère, Mozzarella a chaws glas, ar gyfer hwn. Enghreifftiau o gaws sydd ddim yn toddi cystal ydi ffeta, halloumi, ricotta, caws bwthyn, a chaws gafr. Os byddwch am ddefnyddio caws Parmesan, mi faswn i'n ei roi ar ben y pasta yn hytrach nag yn y saws caws.

Digon i 4

Cynhwysion

350g pasta o unrhyw siâp

25g menyn

1 llond llwy fwrdd o flawd plaen

450ml llefrith

250g caws cymysg wedi'i gratio (yma dwi wedi defnyddio Cheddar, Gruyère a chaws glas)

halen a phupur

50g briwsion bara

Dull

- Rhowch y pasta i goginio yn ôl y cyfarwyddiadau ar y paced.
- Mewn sosban fawr toddwch y menyn ar wres cymedrol.
- Ychwanegwch y blawd gan ei droi'n dda a'i goginio am 2–3 o funudau.
- Ychwanegwch y llefrith yn raddol gan droi'r gymysgedd drwy'r amser nes bod ganddoch chi saws llyfn.
- Tynnwch y sosban oddi ar yr hob ac ychwanegu 200g o'r caws gan droi nes bod y caws wedi toddi.
- Wedi i'r pasta goginio, rhowch o mewn dysgl y gellir ei rhoi dan y gril.
- Tywalltwch y caws ar ei ben a chymysgu'r pasta i mewn iddo'n dda.
- Cymysgwch y caws sydd ar ôl efo'r briwsion bara a'u taenu dros y pasta.
- Rhowch y ddysgl dan y gril a grilio nes bod y bara a'r caws wedi crasu.

TORCH RHOLIAU SOSEJ EFO TSYTNI DÊTS *(DATE CHUTNEY)* AC AFALAU

Mae amryw yn hoff o neud sbloets o bethau adeg y Nadolig, yn enwedig efo bwyd – mynd â nhw i'r next level, fel y basa Chris Roberts, Flamebaster, yn ei ddweud! Dyma ydw i wedi'i neud efo'r rholiau sosej yma. Dwi wedi rhoi caws yn y toes a'i ffurfio'n gylch i edrych yn debyg i dorch Nadolig. Dwi hefyd wedi rhoi tsytni dêts arbennig fy Anti Alwena yn ei ganol er mwyn i bobl helpu eu hunain iddo. Gallwch roi unrhyw tsytni, wrth gwrs, ond os byddwch am ddefnyddio tsytni dêts Anti Alwena, yna fe fydd yn rhaid i chi ei wneud y diwrnod cynt.

Cynhwysion

1 paced 500g toes pwff (*puff pastry*)

800g cig sosej

2 lond llwy de o bowdwr paprica

hadau *nigella* (hadau nionyn du)

100g o gaws Cheddar wedi'i gratio

1 wy wedi'i guro

tsytni dêts ac afalau (neu unrhyw tsytni o'ch dewis chi)

Dull

- Cynheswch y popty i 200˚C / 180˚C ffan / nwy 6.
- Rhowch haen o bapur pobi ar dun pobi mawr.
- Mewn powlen fawr, cymysgwch y cig â'r paprica.
- Taenwch ychydig o flawd ar fwrdd a rholiwch y toes i wneud siâp hirsgwar mawr, tua 43cm × 38cm o faint.
- Dychmygwch fod y toes wedi'i rannu'n dri stribed hafal ar ei draws a rhowch y caws ar hyd y stribed canol.
- Tasgwch ychydig o hadau nionyn dros y caws.
- Plygwch un stribed dros y caws i'w orchuddio'n llwyr a dewch â'r stribed arall drosto – mi fydd gennych un stribed wedyn.
- Rholiwch y toes nes ei fod tua 65cm × 20cm o faint.
- Gwnewch siâp sosej mawr hir efo'r cig a'i roi yng nghanol y toes.
- Defnyddiwch yr wy wedi'i guro i frwsio un ochr i'r toes.
- Plygwch yr ochr arall dros y cig, yna'r ochr wy dros hwn i'w selio.

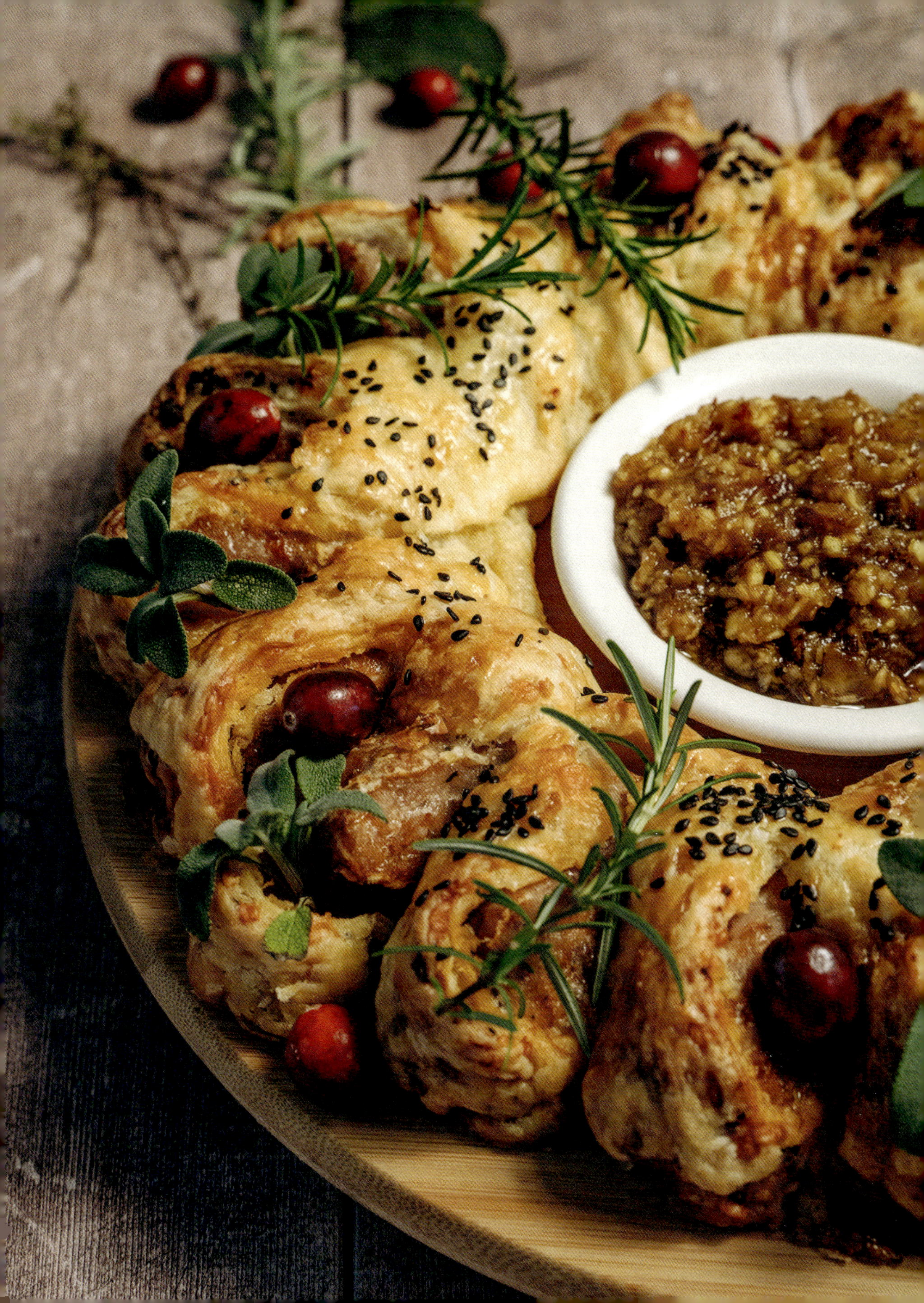

- Trowch hwn drosodd fel bod y sêl ar y gwaelod; mi fydd yn edrych fel un rholyn sosej enfawr. Trosglwyddwch i'r tun.
- Torrwch ddwy ran o dair o'r ffordd drwy'r rholyn bob rhyw 3.5–4cm i wneud tua 15 darn, yna dewch â'r ddau ben at ei gilydd i ffurfio torch. Defnyddiwch fwy o'r wy i ddal y ddau ben at ei gilydd.
- Trowch bob darn o'r rholyn sosej drosodd yn ysgafn, heb ei rwygo o'r rholyn, fel bod rhywfaint o'r cig yn y golwg.
- Brwsiwch unrhyw does sydd yn y golwg â gweddill yr wy.
- Pobwch am 40–50 munud nes bod y crwst yn euraid, a'r cig sosej wedi'i goginio drwyddo. Cadwch lygad arno rhag iddo orgrasu.
- Rhowch y dorch ar blât neu fwrdd pren a'i addurno gan roi'r tsytni yn y canol.

TSYTNI DÊTS AC AFALAU

Cynhwysion

500g afalau coginio

500g nionod

500g dêts heb gerrig (*stoned dates*)

500g siwgr brown

1/2 peint o finegr

1 llwy de halen

1 llwy de o bowdwr mwstard

2–3 llwy de o bowdwr cyrri

Dull

- Torrwch yr afalau, y nionod a'r dêts yn fân mewn prosesydd bwyd a'u rhoi mewn powlen (heb fod yn un blastig).
- Ychwanegwch y finegr, mwstard, siwgr a'r halen.
- Ychwanegwch y powdwr cyrri a rhoi'r cyfan mewn poteli (jariau) wedi'u diheintio.
- Labelwch.
- Mi fydd yn barod i'w fwyta o'r diwrnod canlynol ymlaen.

*I ddiheintio jariau gwydr – un ai rhowch y jariau mewn peiriant golchi llestri ar wres uchel neu eu golchi'n dda a'u rhoi i sychu mewn popty ar wres 140°C am tua 10–15 munud.

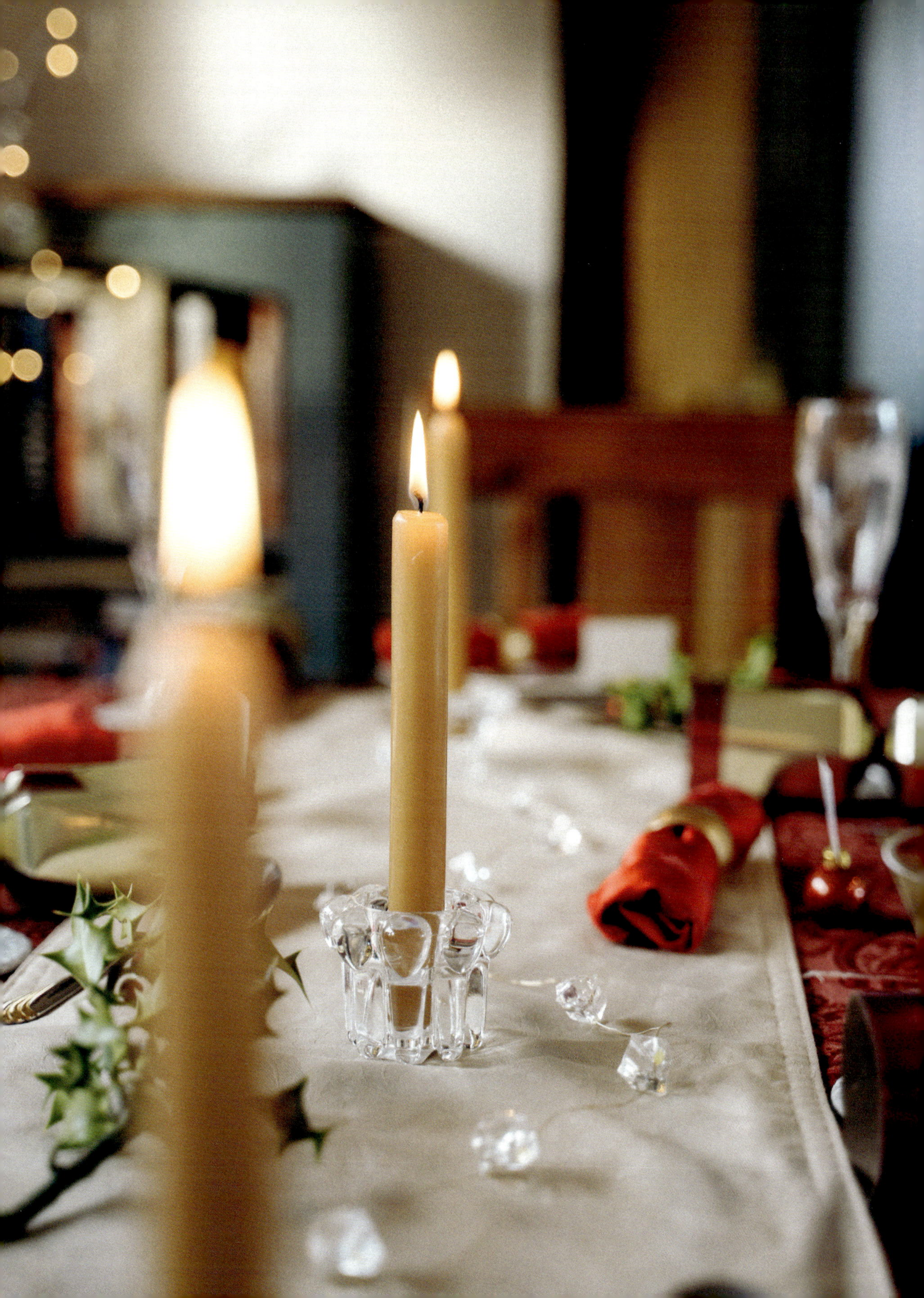

SALAD BITRWT, CNAU FFRENGIG A CHAWS GLAS

Fedrith rhywun ddim bwyta bwyd moethus i bob pryd dros holl gyfnod y Dolig, wrth gwrs, ac ac ôl cwpwl o ddyddiau mi fydda i'n crefu am ryw salad bach. Dyma i chi un sy'n lliwgar ac iachus. Os ydach chi'n defnyddio bitrwt ffres, golchwch nhw yn gyfan yn eu croen, yn ofalus rhag eu torri, ac yna'u berwi am tua hanner awr i dri chwarter (yn ddibynnol ar eu maint). Rinsiwch nhw mewn dŵr oer ac fe ddaw'r croen i ffwrdd yn hawdd, dim ond i chi ei rwbio (cystal i chi wisgo menig plastig neu fe fydd eich dwylo'n biws!). Gallwch fwyta hwn efo'r bitrwt yn gynnes neu'n oer.

Digon i 2

Cynhwysion

pecyn 250g bitrwt wedi'u coginio (ddim y rhai sydd mewn finegr)

4 neu 5 sbrigyn o deim

3 llwy fwrdd o olew olewydd

1 llwy fwrdd o finegr balsamig

1 llwy fwrdd o fêl clir

bag o ddeiliach letys

dyrnaid o gnau cyll (*hazelnuts*) wedi'u torri'n fras

2 oren

50g caws ffeta neu gaws gafr

Dull

- Cynheswch y popty i 200˚C / 180˚C ffan / nwy 6.
- Torrwch y bitrwt yn ddarnau reit fawr a'u rhoi mewn tun rhostio.
- Cymysgwch yr olew, y finegr, dail y teim, sudd un oren a'r mêl mewn jwg neu gwpan bach a rhowch ei hanner dros y bitrwt gan eu trochi'n dda.
- Rhostiwch am tua 10 munud.
- Tynnwch y tun allan o'r popty a throi'r bitrwt.
- Ychwanegwch y cnau a rhowch nhw yn ôl yn y popty am tua 10 munud nes bod y cnau a'r bitrwt wedi crasu.
- Rhannwch y deiliach rhwng dau blât neu ddwy fowlen.
- Gyda chyllell finiog, torrwch dop a gwaelod yr ail oren a thynnu'r croen.
- Torrwch y darnau (potel, mochyn, cwch, malwan – beth bynnag ydach chi'n eu galw nhw!) yn rhydd o'r croen sy'n eu dal a'u rhannu rhwng y ddau blât.
- Tynnwch y bitrwt a'r cnau o'r popty a'u rhannu hwythau rhwng y ddau blât.
- Torrwch y caws yn ddarnau bach a'u taenu dros y platiau.
- Diferwch weddill y dresin drostyn nhw.

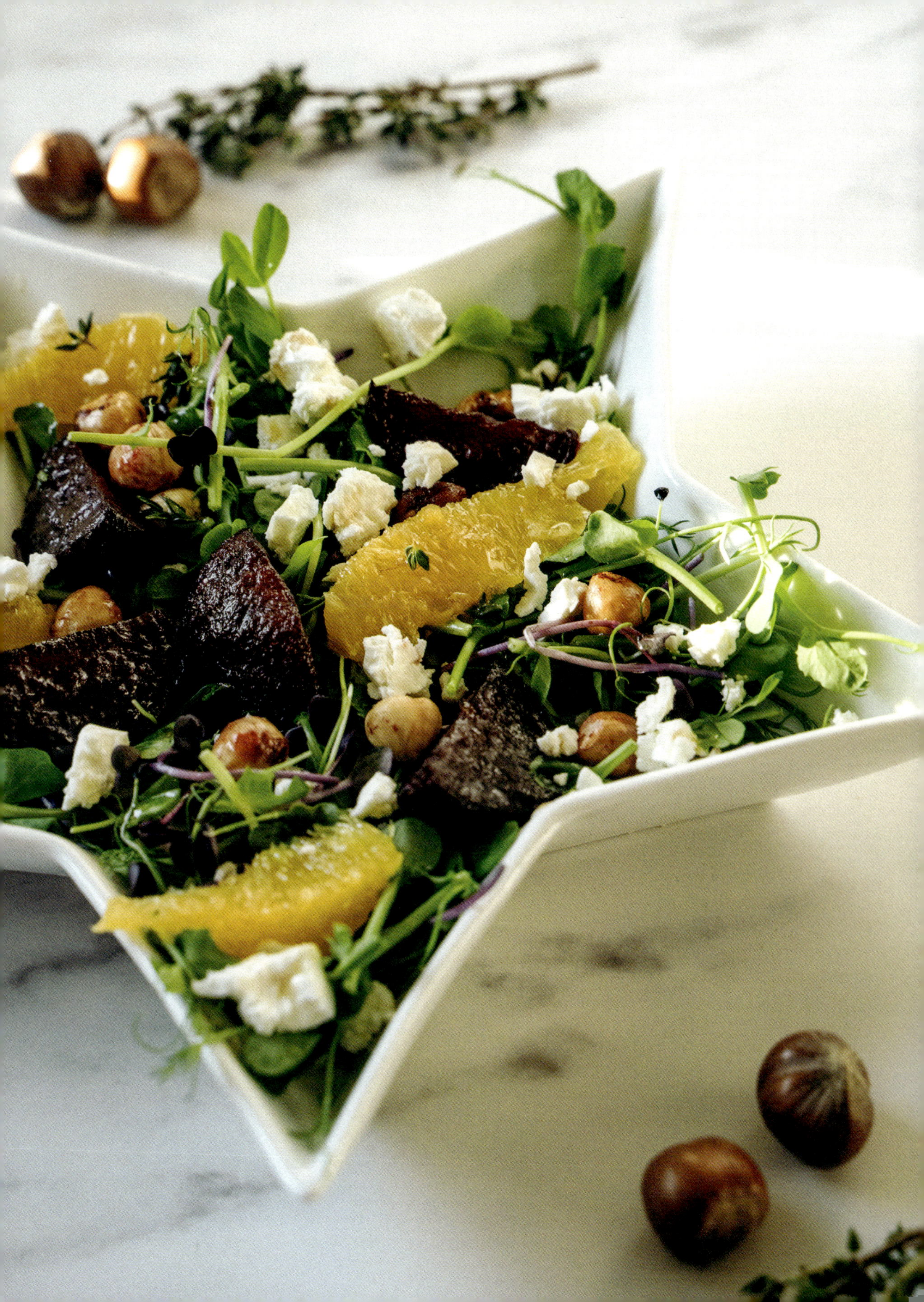

SALAD GELLYG, CNAU FFRENGIG A CHAWS GLAS

Dyma i chi salad blasus arall sy'n ffordd dda o ddefnyddio unrhyw ddarnau o gaws glas sydd ganddoch dros ben. Mae'r hadau pomgranad (pomegranate) yn rhoi rhyw sglein Nadoligaidd iddo, a gallwch ei weini fel cwrs cyntaf hefyd. Os ydach chi am wneud hynny, mi fyddai'r isod yn ddigon i wneud 4 platiad bach. Gyda llaw, pan oeddwn i'n blentyn, dim ond yn y gaeaf fydden ni'n cael pomgranad. Mi fyddai Mam yn ei dorri yn ei hanner ac yn rhoi pin i mi i bigo'r ffrwyth allan ohono. Mi fyddai'n fy nghadw'n ddistaw am hir iawn. Fyddai Mam ddim wedi dychmygu ei roi mewn salad!

Digon i 2

Cynhwysion

bagiad o ddail salad amrywiol

50g caws glas

dyrnaid o gnau Ffrengig

2 ellygen (*pear*)

ychydig o hadau pomgranad

dresin

1 llwy bwdin o fêl clir

3 llwy fwrdd olew olewydd golau

1 llwy fwrdd o sudd lemwn

halen

pupur

Dull

- Cymysgwch gynhwysion y dresin yn dda mewn jwg neu fowlen fach.
- Torrwch y gellyg yn haenau tenau.
- Rhannwch y dail a'r gellyg rhwng dau blât.
- Torrwch y caws rhwng eich bysedd a'i rannu rhwng y ddau blât.
- Rhannwch y cnau rhwng y ddau blât.
- Gwasgarwch yr hadau pomgranad dros y salad.
- Rhowch dro arall i'r dresin cyn ei dywallt dros y salad.
- Trochwch bopeth ynddo.

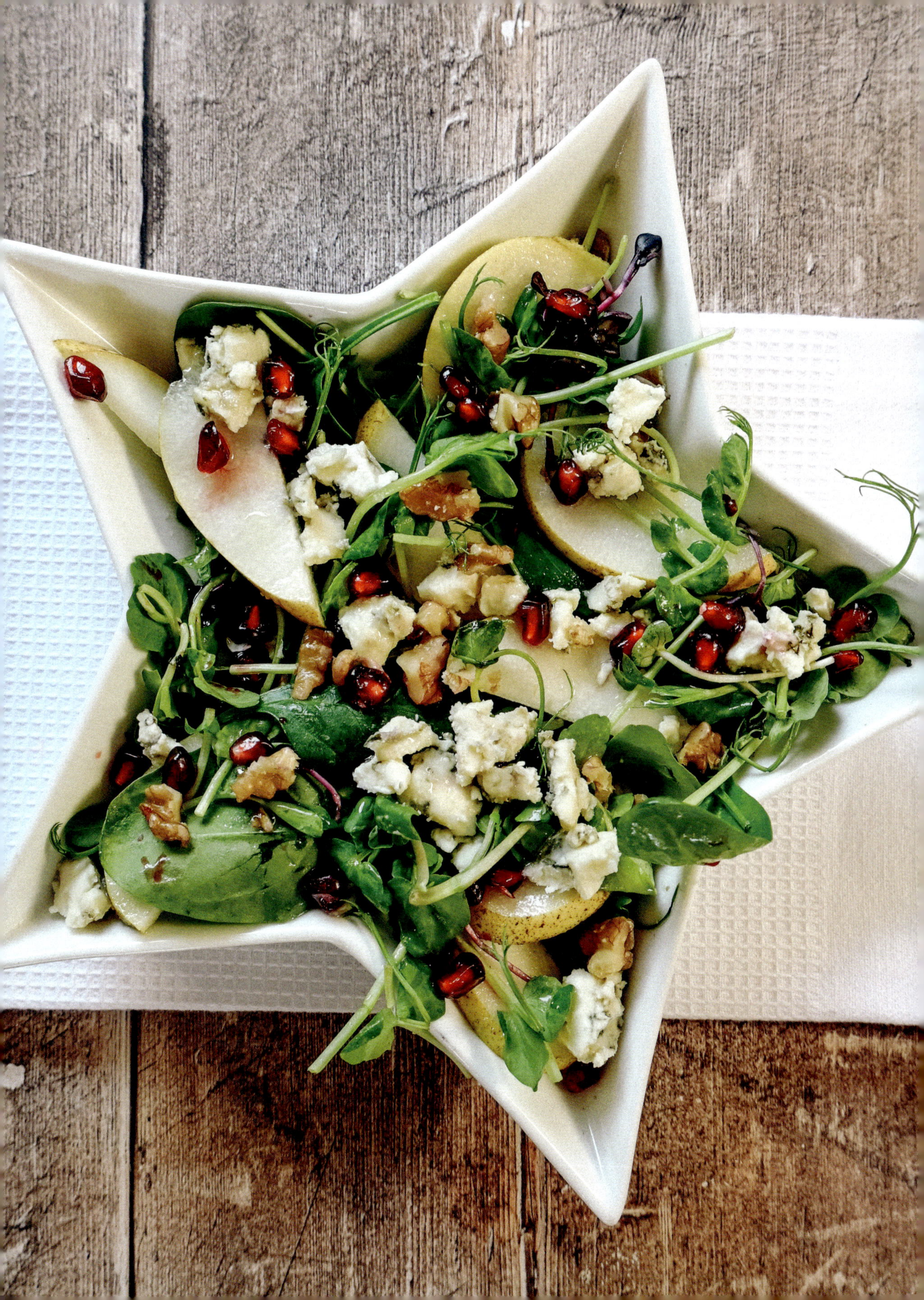

CACENNAU PYSGOD EFO SAWS TARTAR

Mae'n gas gen i wastraffu bwyd. Yn hytrach na thaflu unrhyw fwyd dros ben, mi fydda i'n trio gwneud rhywbeth efo fo. Dros gyfnod y Nadolig rydan ni'n tueddu i brynu gormod, ac mae'n ffaith fod mwy o wastraff bwyd adeg Dolig nag ar unrhyw adeg arall.

Dyma i chi ffordd dda o ddefnyddio tatws stwnsh sydd dros ben, ynghyd ag unrhyw ddarnau o eog mwg (smoked), bagiau o ddeiliach a chraceri (y rhai dach chi'n eu bwyta, ddim y rhai dach chi'n eu tynnu!).

Digon i 4

Cynhwysion

tua 500g tatws stwnsh

bagiad o ddeiliach –
  y rhai gorau fyddai unrhyw gyfuniad o sbigoglys (*spinach*), dail roced neu ferwr dŵr

darnau o eog –
  eog cyffredin neu eog mwg (*smoked*)

halen a phupur

ar gyfer eu gorchuddio

2 lond llwy fwrdd o flawd

1 wy wedi'i guro

100g craceri wedi'u torri'n fân mewn prosesydd

olew i ffrio

saws

2 lwyaid o *mayonnaise*

1 llwyaid o *crème fraîche*

gwasgiad o sudd lemwn

llond llwy fwrdd o *capers*

llond dwrn o bersli

Dull

- Rhowch y tatws a'r deiliach mewn prosesydd bwyd a'u cymysgu nes bod y deiliach wedi'u malu'n fân. Ychwanegwch yr wyau, y blawd, yr eog a'r pupur a halen, a'u cymysgu eto.
- Estynnwch dri phlât a rhoi'r blawd ar un, wy ar y llall a'r briwsion craceri ar y trydydd.
- Rhowch ychydig o flawd ar eich dwylo a chymryd chydig o'r gymysgedd ar y tro a'i siapio'n gacennau – ddim yn rhy fawr, neu mi fyddan nhw'n fwy tebygol o chwalu.
- Rholiwch bob cacen yn y blawd, yna yn yr wy, ac yn olaf yn y briwsion craceri.
- Cynheswch yr olew mewn padell a ffriwch y cacennau ar y ddwy ochr nes eu bod wedi crasu ac wedi poethi drwyddyn nhw. Gadewch ddigon o le rhyngddyn nhw fel eich bod yn medru eu troi drosodd yn rhwydd. Peidiwch â cheisio'u troi nes bod yr ochr isaf wedi cael cyfle i grasu.
- Tra mae'r cacennau'n coginio, gwnewch y saws. Torrwch y persli a'r *capers* yn fân a'u cymysgu efo'r *mayonnaise*, y *crème fraîche* a'r sudd lemwn.

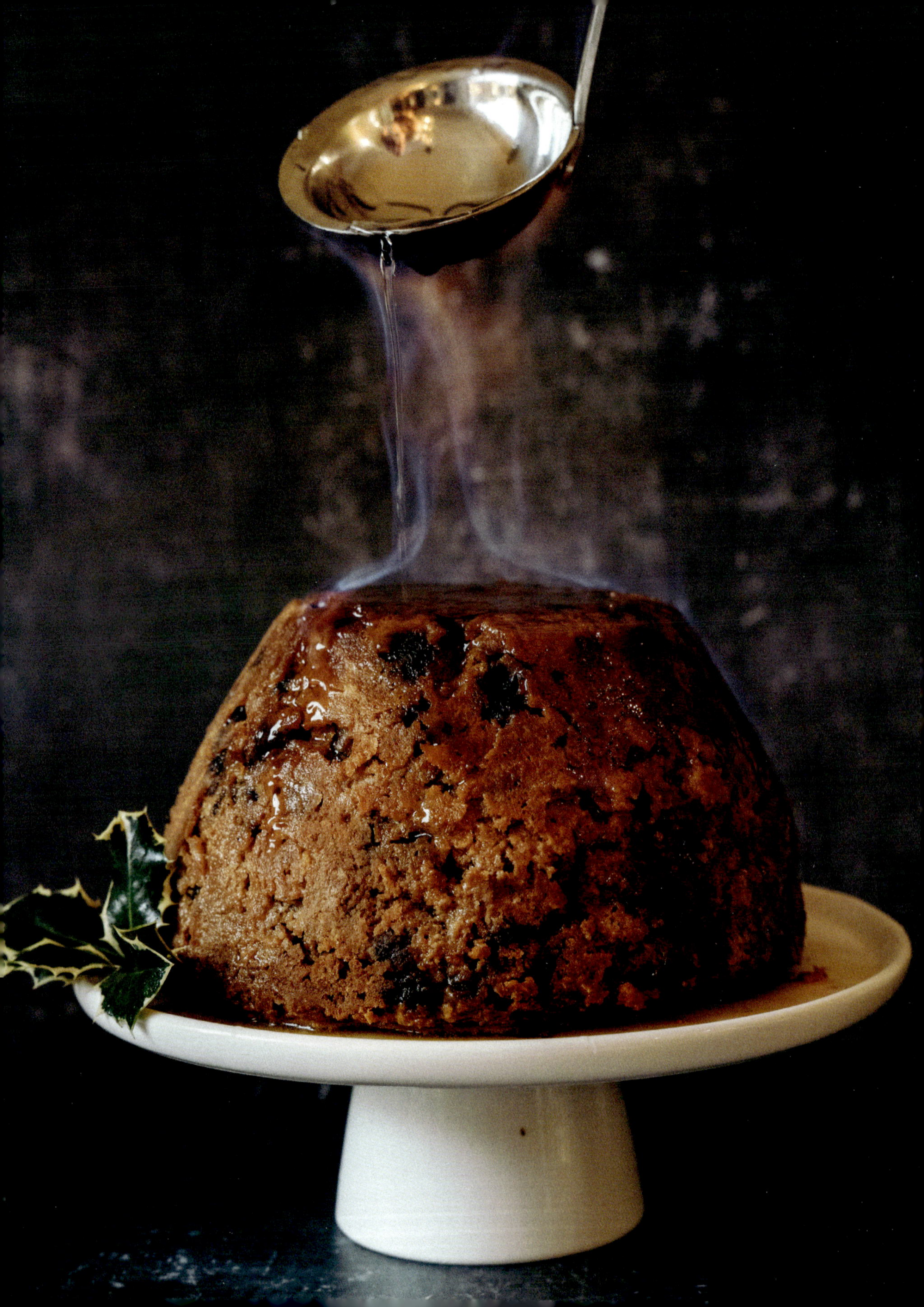

PWDIN

PWDIN DOLIG

Mae'r Nadolig yn dymor pwdin. Mi fydd ganddon ni gynnig o dri phwdin ar ddiwrnod Dolig ei hun. Ond dydi pawb ddim yn ffan o bwdin Dolig, a rhaid i mi gyfadda mod i wedi bod yn un ohonyn nhw.

Pan fyddai Mam yn dod atom am ginio Dolig, mi fyddwn yn prynu un bach ar ei chyfer. Ond fedrwn i ddim sgwennu llyfr o ryseitiau Dolig heb gynnwys pwdin Dolig, felly roedd yn rhaid arbrofi. Ar ôl gwneud, dwi'n difaru na faswn i wedi gwneud pwdin Dolig flynyddoedd yn ôl – dwi wedi cael colled! Dwi'n dal i feddwl ei fod yn rhy drwm i'w fwyta ar ôl clamp o ginio, ond mae o'n flasus.

Dwi wedi setlo am y rysáit yma sy'n addasiad o rysáit welais i mewn hen lyfr coginio o 1932, sef Llyfr Prydiau Bwyd gan Myfanwy Eames (Dwi wrth fy modd efo hen lyfrau coginio). Mae'n ysgafnach na'r pwdinau tywyll arferol. Dwi wedi ychwanegu alcohol er mwyn sicrhau fod y pwdin yn cadw'n hirach, a hefyd wedi rhoi'r opsiwn o ddefnyddio menyn yn lle siwed.

Yn draddodiadol, mi fyddai pwdin Dolig yn cael ei wneud ar y Sul ola cyn tymor yr Adfent ac mi fyddai pawb o'r teulu'n rhoi tro i'r pwdin, gan wneud dymuniad wrth wneud hynny. Mi fyddai yna bishyn chwe cheiniog (oedd ychydig llai o faint na cheiniog heddiw) yn cael ei roi yn y pwdin ac fe gredir y byddai pwy bynnag fyddai'n ei ddarganfod yn ei bwdin ar ddiwrnod Dolig yn cael lwc am y flwyddyn. Dwi'n cofio'r cyffro o chwilio am y pishyn chwech yn y pwdin yn yr ysgol gynradd yn y dyddiau ymhell cyn rheolau iechyd a diogelwch!

Cynhwysion

6 owns blawd plaen

6 owns briwsion bara

6 owns siwed neu fenyn wedi'i gratio (rhowch o yn y rhewgell am ychydig gynta)

6 owns siwgr

6 owns resins

6 owns cyrens

ychydig o groen lemwn wedi'i gratio

1 owns o almonau mâl (*ground almonds*)

owns a hanner o gandi pîl (*mixed candied peel*) wedi'i dorri'n fân

hanner llond llwy de o sbeis cymysg, nytmeg, sinamon a mes (*mace*)

pinsiad o halen

llond llwy de o bowdwr pobi

3 wy

ychydig o lefrith os bydd angen

2 lond llwy fwrdd o frandi

Dull

- Irwch ddysgl bwdin sy'n dal litr a hanner.
- Rhowch y blawd, y briwsion, y siwed (neu'r menyn), y powdwr pobi, croen lemwn, candi pîl, sbeisys, almonau mâl, y siwgr a'r halen mewn powlen fawr a'u cymysgu.
- Curwch yr wyau a'u hychwanegu. Os bydd y gymysgedd ychydig yn stiff, ychwanegwch ychydig o lefrith.
- Ychwanegwch y ffrwythau a chymysgu'r cwbwl yn dda.
- Rhowch y gymysgedd yn y ddysgl bwdin. Rhowch haen o bapur pobi (gan roi plyg tua 3cm o faint yng nghanol y papur er mwyn rhoi lle i'r pwdin godi) a dwy haen o papur ffoil am y dysgl, gan wneud yn siŵr ei fod wedi'i wasgu i lawr yn dynn. Clymwch linyn o amgylch y ddysgl a gwnewch ddolen gyda darn arall o'r llinyn er mwyn medru codi'r ddysgl o'r dŵr yn haws.
- Rhowch y ddysgl mewn sosban fawr ac ychwanegu dŵr berw hyd at dri chwarter y ddysgl. Rhowch gaead ar y sosban a throwch y gwres i lawr.
- Berwch am tua 6 awr (4 awr os byddwch yn defnyddio menyn yn lle siwed) gan gadw golwg ar y dŵr ac ychwanegu mwy, fel bo'r angen.
- Tynnwch y ddysgl allan o'r dŵr yn ofalus.
- Gwnewch dyllau hyd y pwdin efo ffon goctêl neu sgiwer, a tywalltwch y brandi dros y pwdin.
- Lapiwch o'n dda a'i roi mewn tun di-aer, a'i gadw mewn lle tywyll hyd nes byddwch chi'n barod i'w fwyta. Os ydych am ei gadw am wythnosau, rhaid ei fwydo efo mwy o frandi bob wythnos.

I aildwymo'r pwdin ar ddiwrnod Dolig, berwch eto am tua awr neu mi fedrwch ei dwymo fesul darn yn y microdon.

Bwytewch gyda chwstard neu fenyn toddi (tudalen 96) wedi'i wneud efo brandi.

PWDIN ERYRI

Pan oeddwn i'n bymtheg oed hyd nes o'n i'n ddeunaw, ar benwythnosau, gyda'r nosau ac yn ystod gwyliau ysgol, mi fues i'n gweithio fel derbynnydd yng Ngwesty'r Royal Victoria, Llanberis – gwesty mawr oedd yn boblogaidd ar gyfer priodasau, partïon o bob math a thripiau bysys gwyliau, â lle i lond pum bws o bobol aros ar yr un pryd. Dwi'n credu i'r cyfnod yma fod yn hynod bwysig yn natblygiad fy nghymeriad. Mi dyfais mewn hyder a dysgu llawer o sgiliau, o sut i drin pobol i sut i deipio a defnyddio llungopïwr. Mi ges i lot o hwyl hefyd, ac mae gen i stôr o atgofion sy'n dal i wneud i mi wenu – ac ambell un ohonyn nhw'n gwneud i mi gochi mewn embaras hefyd!

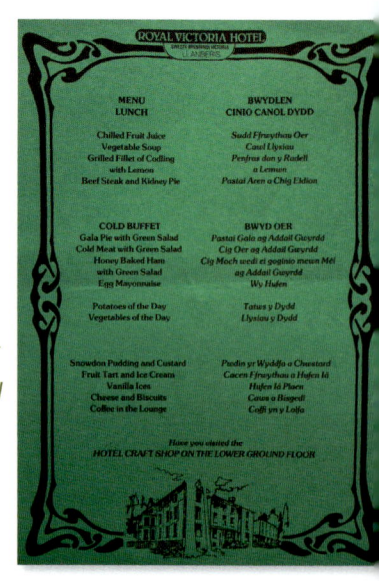

Mi lynca i malchder a rhannu'r stori fach yma efo chi. Roedd hi'n gyda'r nos yn yr haf a'r gwesty'n llawn o bobol wedi dod ar dripiau gwyliau efo bysys, a finna wrth ddesg y dderbynfa. Roedd y gwesteion newydd ddod i lawr y grisiau o'r ystafell fwyta i'r lolfa fawr, grand i gael eu coffi ar ôl eu pryd pan ddaeth un o'r porthorion ata i'n cario hambwrdd efo tebotiad o de arno. Dyma fo'n dweud nad oedd o'n medru dod o hyd i'r dyn oedd wedi gofyn am de yn hytrach na choffi, a gofyn i mi fynd ar y tannoy i ofyn pwy oedd o. I lawr a fi ar fy ngliniau tu ôl i'r ddesg – roedd y peiriant ar silff isel, nesa at y llawr – ac medda fi yn fy Saesneg gora: 'Ladies and gentlemen, may I have your attention, please. Will the gentleman who ordered tea please reveal himself to the porter?' Bu eiliad o ddistawrwydd cyn i mi glywed rhu o chwerthin o'r lolfa. Ar fy ngliniau y tu ôl i'r ddesg fues i am rai munudau. Roedd gen i ormod o gywilydd i fedru codi!

Un o fanteision gweithio yn y Fic oedd ein bod ni'n cael bwyd da, ac fel un o staff y swyddfa roeddwn i'n cael dewis oddi ar y menu dyddiol. Ond adeg y partïon Dolig doedd dim dewis – twrci oedd hi bob nos! Rŵan, dwi'n hoff iawn o dwrci, ond mae gormod o bwdin yn tagu ci. Ac un flwyddyn fe wnaeth Mam stêc i mi i ginio Dolig achos mod i wedi cael llond bol, yn llythrennol, o dwrci! Mi fyddan ni hefyd yn cael pwdin, tartan o ryw fath gan amla, a sherry trifle, ac un pwdin fyddai ar bob bwydlen cinio canol dydd oedd Snowdon Pudding.

Cyhoeddwyd rysáit y pwdin yma yn y llyfr coginio Modern Cookery for Private Families gan Eliza Acton yn 1845. Ynddo, fe'i disgrifiwyd fel pwdin fyddai'n cael ei fwyta yn y gwesty wrth droed yr Wyddfa, a'i fod jest y peth ar gyfer dringwyr a cherddwyr llwglyd. Yn fy mhrofiad i, roedd o'n fwy tebygol o gael ei fwyta gan ferched hŷn ar dripiau bws!

Dyma fy fersiwn i ohono. Yn wahanol i'r gwreiddiol, does dim siwed ynddo. Dwi wedi defnyddio menyn wedi'i gratio yn ei le. Mi fyddai'n gwneud yn dda fel pwdin Dolig ysgafn, munud ola.

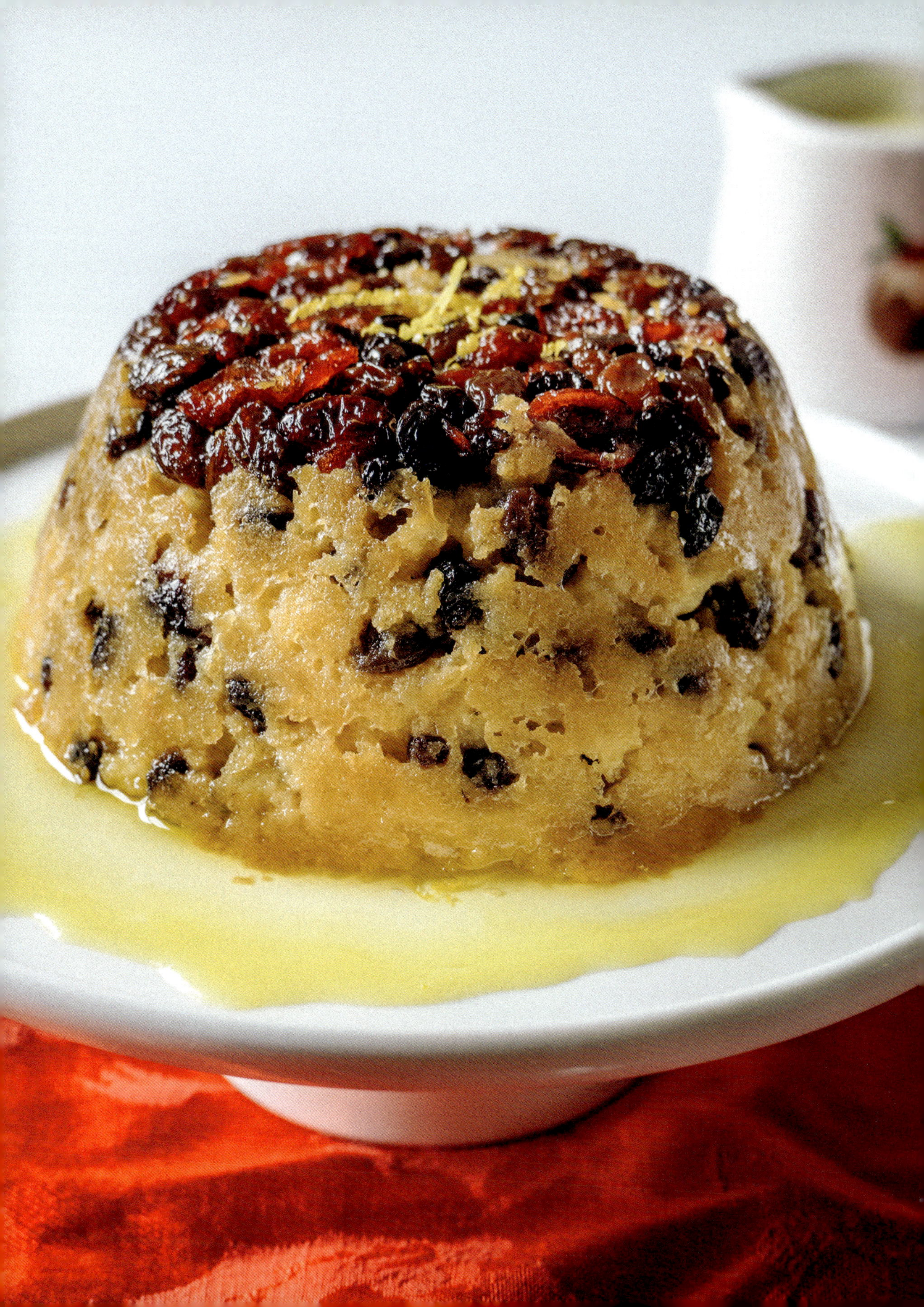

Cynhwysion

125g cymysgedd o resins a llugaeron wedi'u sychu

100g menyn (wedi'i roi yn y rhewgell i oeri'n dda ac yna wedi'i gratio)

100g briwsion bara gwyn

25g semolina

croen un lemwn wedi'i gratio'n fân

75g marmalêd lemwn

2 wy wedi'u curo

3–4 llwyaid o lefrith

Dull

- Paratowch eich stemiwr ac irwch ddysgl bwdin maint 1 litr
- Rhowch hanner y resins a'r llugaeron ar waelod y ddysgl bwdin.
- Cymysgwch y gweddill mewn powlen fawr efo'r cynhwysion sych.
- Ychwanegwch y croen lemwn, y marmalêd, yr wyau a digon o lefrith i wneud cymysgedd sy'n disgyn o'ch llwy yn weddol rwydd.
- Rhowch y gymysgedd yn y ddysgl.
- Rhowch haen o bapur pobi (gan roi plyg tua 3cm o faint yng nghanol y papur er mwyn rhoi lle i'r pwdin godi) a dwy haen o papur ffoil gan wneud yn siŵr ei fod yn dynn am y dysgl. Clymwch linyn o amgylch y ddysgl a gwnewch ddolen gyda darn arall o'r llinyn er mwyn medru codi'r ddysgl o'r dŵr yn haws.
- Rhowch y ddysgl mewn sosban fawr a rhoi dŵr berw hyd at dri chwarter y ddysgl. Rhowch gaead ar y sosban a throwch y gwres i lawr.
- Berwch am tua awr a hanner i ddwy awr, gan gadw golwg ar y dŵr ac ychwanegu mwy fel bo'r angen.
- Tynnwch y dysgl allan o'r dŵr yn ofalus.
- Gadewch i'r pwdin sefyll am ryw 5–10 munud cyn ei droi allan ar blât yn ofalus.
- Mae hwn yn neisiach o'i fwyta'n gynnes efo digon o gwstard.

PWDIN LLUGAERON A BLAWD GWENITH YR HYDD, A MENYN TODDI COINTREAU

Wrth edrych ar fy llyfr coginio Cymraeg o 1932 yn ddiweddar, difyr iawn oedd sylwi fod cynghorion bwyta'n iach ynddo sy'n debyg iawn i'r cynghorion heddiw, yn enwedig yr anogaeth i fwyta llai o gig a mwy o lysiau ffres. Un peth sy'n wahanol ydi fod yr awdur yn cymryd yn ganiataol y bydd pwdin yn cael ei fwyta gyda phob pryd, a hwnnw'n bwdin cartra. Mi gododd y llyfr hiraeth arnaf am bwdin sbwng wedi'i stemio – ddim mod i wedi cael rhai cartra yn blentyn chwaith. Rhai mewn tun efo jam neu surop fyddai Mam yn eu prynu ac O! mi fydden nhw'n dda, yn felys, ac yn glynu i'ch asennau. Jest y peth ar ddiwrnod oer yn y gaeaf. Dwi wedi bod yn gwneud pwdinau wedi'u stemio ers imi ddarllen y llyfr, a dyma i chi un ohonyn nhw. Mi wnes i hwn am fod gen i hanner jar o saws llugaeron ar ôl yn yr oergell ar ddechrau un mis Ionawr. Fe es ati i'w wneud efo blawd gwenith yr hydd gan nad ydi Andrew, fy mhartner, yn medru bwyta gwenith, ac er ei enw does dim gwenith mewn blawd gwenith yr hydd.

Cynhwysion

- hanner jar o saws llugaeron (*cranberry sauce*) neu 3 llond llwy fwrdd o saws ffres
- 6 owns blawd gwenith yr hydd (*buckwheat*)
- 6 owns menyn wedi'i feddalu
- 6 owns siwgr brown
- 3 wy
- 3 llwy fwrdd o lefrith (os oes angen)
- sudd hanner oren a chroen oren cyfan wedi'i gratio
- 1 llwy de a hanner o sbeis cymysg
- 1 llwy de a hanner o bowdwr pobi
- menyn i iro

Dull

- Irwch ddysgl bwdin sy'n dal un litr yn braf.
- Rhowch y saws llugaeron ar ei gwaelod.
- Berwch ddŵr mewn tegell.
- Curwch weddill y cynhwysion yn drwyadl gan ddefnyddio peiriant neu lwy bren. Fe ddylai'r gymysgedd fod yn disgyn oddi ar lwy yn reit hawdd, heb orfod ei hysgwyd yn ormodol. Os ydi'r gymysgedd ychydig yn stiff, ychwanegwch y llefrith.
- Rhowch y gymysgedd yn y ddysgl gan wneud yn siŵr fod lle ynddi i'r pwdin godi.
- Rhowch haen o bapur pobi (gan roi plyg o tua 3cm yng nghanol y papur er mwyn rhoi lle i'r pwdin godi) a dwy haen o bapur ffoil gan wneud yn siŵr ei fod yn dynn am y ddysgl. Clymwch linyn o amgylch y ddysgl a gwnewch ddolen gyda darn arall o'r llinyn er mwyn medru codi'r ddysgl o'r dŵr yn haws.
- Rhowch y ddysgl mewn sosban fawr ac ychwanegu dŵr berw hyd at dri chwarter y ddysgl. Rhowch gaead ar y sosban a throwch y gwres i lawr.
- Berwch am awr a hanner gan gadw golwg ar y dŵr ac ychwanegu mwy fel bo'r angen.
- Tynnwch y ddysgl allan o'r dŵr yn ofalus.
- Bwytewch gyda chwstard neu fenyn toddi.

MENYN TODDI COINTREAU

Cynhwysion

100g menyn dihalen

croen hanner oren wedi'i gratio'n fân

100g siwgr mân

2–3 llond llwy fwrdd Cointreau efo'r pwdin yma, neu gallwch ddefnyddio brandi, whisgi neu rym

Dull

- Curwch y croen oren i mewn i'r menyn yn dda.
- Ychwanegwch lwyaid o siwgr a llwyaid o'r ddiod a'u cymysgu'n dda.
- Gwnewch yr un fath hyd nes nad oes siwgr na diod ar ôl.
- Gellir ei gadw yn yr oergell am ychydig ddyddiau.

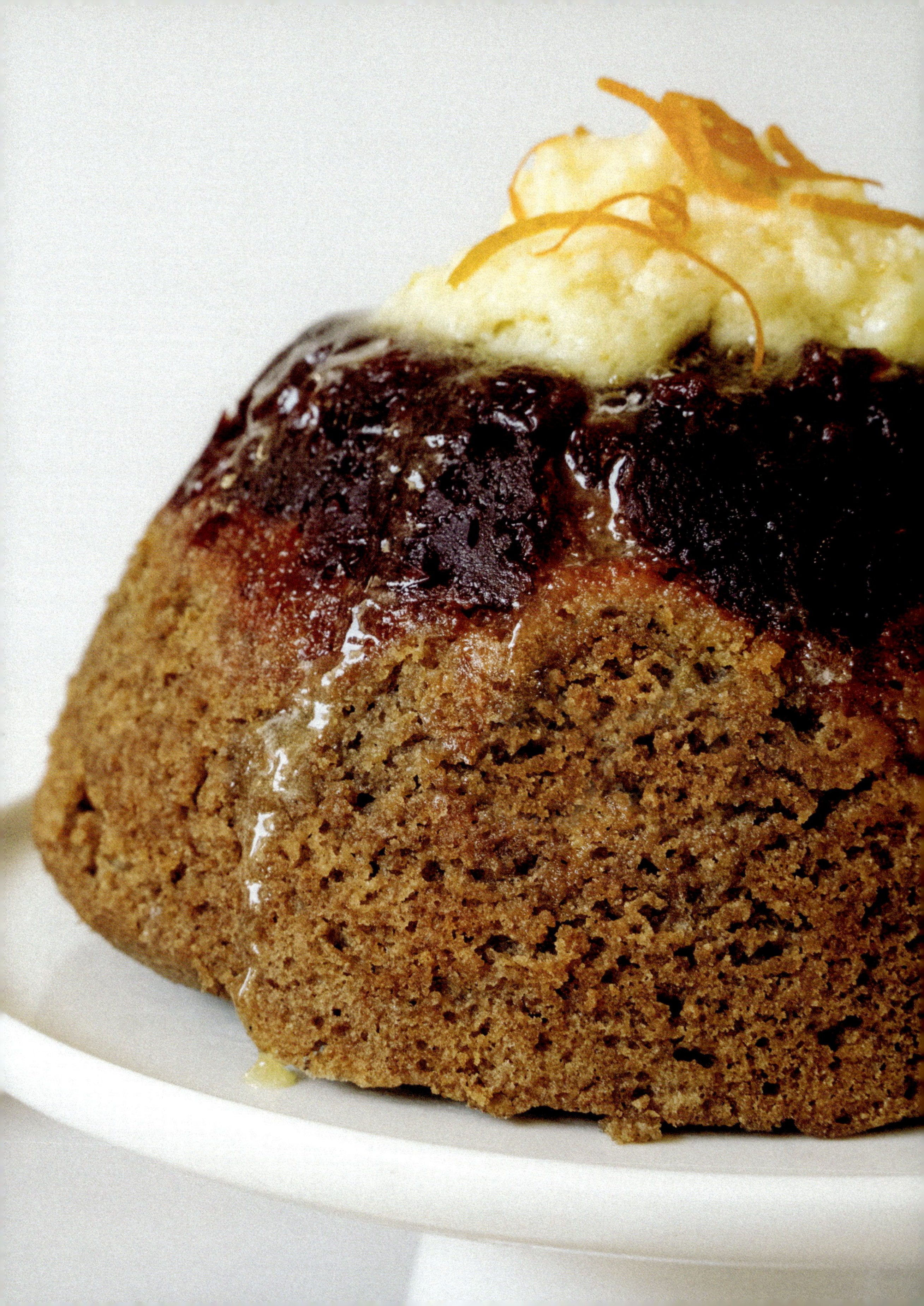

PWDIN GELLYG A SIOCLED

Dyma bwdin sbwng sydd ychydig yn llai trafferthus i'w wneud na phwdin sbwng wedi'i stemio.

Cynhwysion

5 owns blawd codi
1 owns powdwr coco
6 owns menyn
3 wy
6 owns siwgr brown meddal
100g siocled du
3 gellygen (gallwch ddefnyddio gellyg tun)

Dull

- Irwch ddysgl gron (neu dun teisen) tua 20cm, â dyfnder o 4–5cm o leiaf.
- Cynheswch y popty i 180°C / 160°C ffan / nwy 4.
- Torrwch y siocled yn ddarnau.
- Mewn peiriant cymysgu, neu defnyddiwch bowlen fawr a chymysgydd llaw, cymysgwch bopeth heblaw'r gellyg a'r darnau siocled.
- Ychwanegwch y siocled.
- Rhowch y gymysgedd yn y ddysgl gron (neu dun teisen).
- Torrwch y gellyg yn eu hanner, torrwch y coesyn, pliciwch y croen a thynnu'r hadau o'r canol yn ofalus.
- Gwthiwch y gellyg i mewn i'r gymysgedd, yr ochr fflat i lawr, ar ffurf cylch.
- Pobwch am tua 45–50 munud nes bod y sbwng wedi coginio a'r darnau siocled wedi meddalu.
- Bwytewch yn gynnes gyda hufen, hufen iâ neu gwstard.

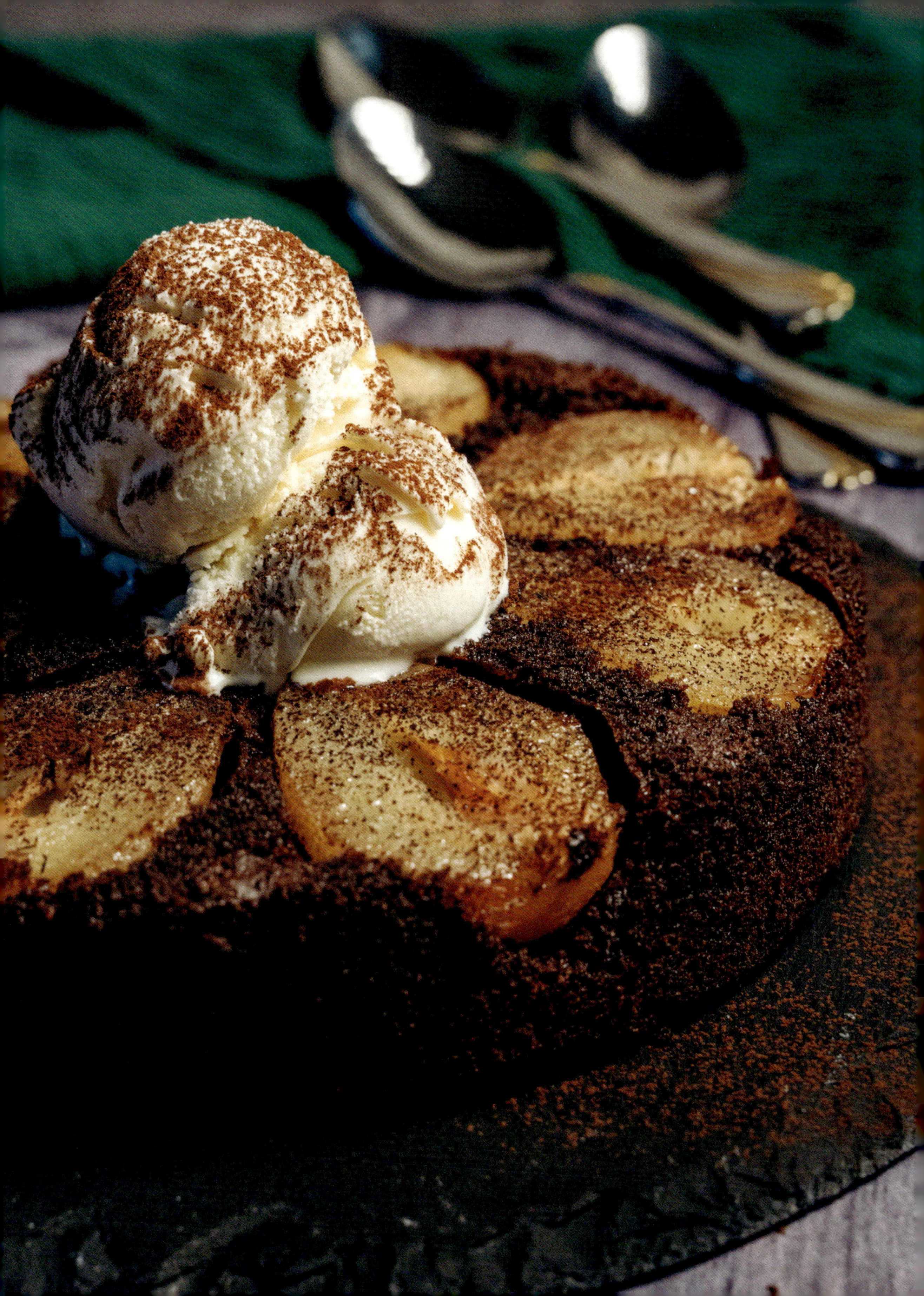

PWDIN BARA *PANETTONE*

Dwi'n caru pwdin bara. Un flwyddyn, roedd gen i hanner panettone *(sef bara melys o'r Eidal efo ffrwythau sych ynddo) dros ben, a honno wedi dechrau sychu. Felly, dyma feddwl beth i'w neud efo hi a dyma benderfynu gwneud hwn. Hyfryd iawn oedd o hefyd, gyda blas sbeisys a sitrws y* panettone *yn treiddio i mewn i'r cwstard. Iym, iym!*

Cynhwysion

4 tafell drwchus o *panettone* (8 tafell, os yw'n *panettone* bach)

menyn i iro

350ml llefrith

50ml hufen dwbwl

2 wy

20g siwgr gwyn

croen un oren neu lemwn wedi'i gratio

1 llwy fawr o siwgr brown (demerara)

Dull

- Cynheswch y popty i 180°C / 160°C ffan / nwy 4.
- Irwch ddysgl efo menyn.
- Rhowch haenen o fenyn dros bob tafell o'r *panettone* a'u torri'n drionglau.
- Rhowch nhw yn y ddysgl a thaenu'r croen oren drostyn nhw.
- Cynheswch y llefrith a'r hufen mewn sosban, ond peidiwch â'i ferwi.
- Curwch yr wyau efo'r siwgr gwyn mewn powlen neu jwg mawr.
- Cymysgwch y llefrith a'r hufen efo'r wyau a'r siwgr.
- Tywalltwch y gymysgedd drwy ridyll (sieve) dros y *panettone*.
- Tasgwch y siwgr brown dros y cwbwl.
- Pobwch am 30–40 munud nes bod y bara a'r siwgr wedi crasu.

CRYMBL BEN I WAERED

Crymbl ydi'r pwdin dwi'n ei neud amla achos ei fod o mor hawdd a di-lol. Mi fydda i'n hoff o'i fwyta'n oer pan fydd y crymbl wedi caledu. A dyma feddwl un diwrnod – tybed beth fasa'n digwydd taswn i'n rhoi'r crymbl ar y gwaelod?

Cynhwysion

150g blawd plaen

100g menyn wedi'i dorri'n sgwariau bach

80g siwgr

50g cnau cymysg wedi'u torri'n fân

1 llwy de o sinamon

digon o fwyar duon a / neu fafon i orchuddio gwaelod tun teisen 20cm

surop, mêl neu siwgr i'w roi dros y ffrwythau

Dull

- Cynheswch y popty i 200°C / 180°C ffan / nwy 4.
- Leiniwch dun 20cm â papur pobi a gorchuddiwch y gwaelod gyda mwyar duon a/neu fafon.
- Os ydi'r ffrwythau'n chwerw (neu eich dant yn felys), taenwch surop, mêl neu siwgr drostyn nhw.
- Mewn powlen fawr, rhwbiwch y menyn i mewn i'r blawd nes ei fod yn debyg i friwsion bara.
- Ychwanegwch y siwgr, y cnau a'r sinamon.
- Arllwyswch y gymysgedd ar ben y mwyar duon a'u gwasgu i lawr gyda chledr eich llaw.
- Pobwch am tua 30–35 munud. Gadewch iddo oeri a setio cyn gosod plât ar ben y tun a'i droi drosodd.
- Tynnwch y tun i ffwrdd yn ofalus.

COBLER

Mae hwn yn hen bwdin sydd â'i wreiddiau ym Mhrydain ond sy'n boblogaidd iawn mewn rhannau o'r Unol Daleithiau. Mae'n debyg nad oedd gan fewnfudwyr cynnar yr offer i wneud eu pwdin arferol, fyddai wedi'i stemio, ac felly wedi mynd ati i stiwio ffrwythau a rhoi cymysgedd debyg i sgon ar eu pen a'i bobi. Peach cobbler ydi'r un mwyaf enwog yn yr Unol Daleithiau, tra mae mwyar duon a/neu afalau yn boblogaidd yma. Yn ystod yr Ail Ryfel Byd roedd y Weinyddiaeth Fwyd yn annog pobl i fwyta crymbl a cobbler fel pwdin gan fod angen llai o fenyn i'w gwneud na thoes (pastry) arferol, ac mae'n hawdd gwneud cobbler efo marjarîn. Dwi ddim yn ffan mawr o farjarîn, felly menyn sydd yn hwn. Defnyddiwch chi be' fynnoch chi.

Cynhwysion

1 afal coginio wedi'i blicio a'i dorri'n ddarnau

digon o fwyar duon i orchuddio gwaelod dysgl bobi (efo'r afal)

siwgr at eich dant – 3 llond llwy fwrdd, neu fwy

4 owns blawd codi

1 wy

2 owns siwgr mân

4 llond llwy fwrdd o lefrith

2 owns menyn wedi'i doddi

Dull

- Cynheswch y popty i 180°C / 160°C ffan / nwy 4.
- Irwch ddysgl.
- Cymysgwch y darnau afalau a'r mwyar efo siwgr at eich dant, ac yn ôl pa mor chwerw ydi'r mwyar duon, a'u rhoi ar waelod y ddysgl.
- I wneud y cobler, curwch yr wy a'r siwgr.
- Ychwanegwch y llefrith a'r menyn a throi'r gymysgedd yn dda.
- Hidlwch y blawd i'r gymysgedd yn raddol gan ei gymysgu'n dda.
- Tywalltwch dros y ffrwythau a phobwch am tua 30–35 munud.
- Bwytewch gyda chwstard, hufen neu hufen iâ.

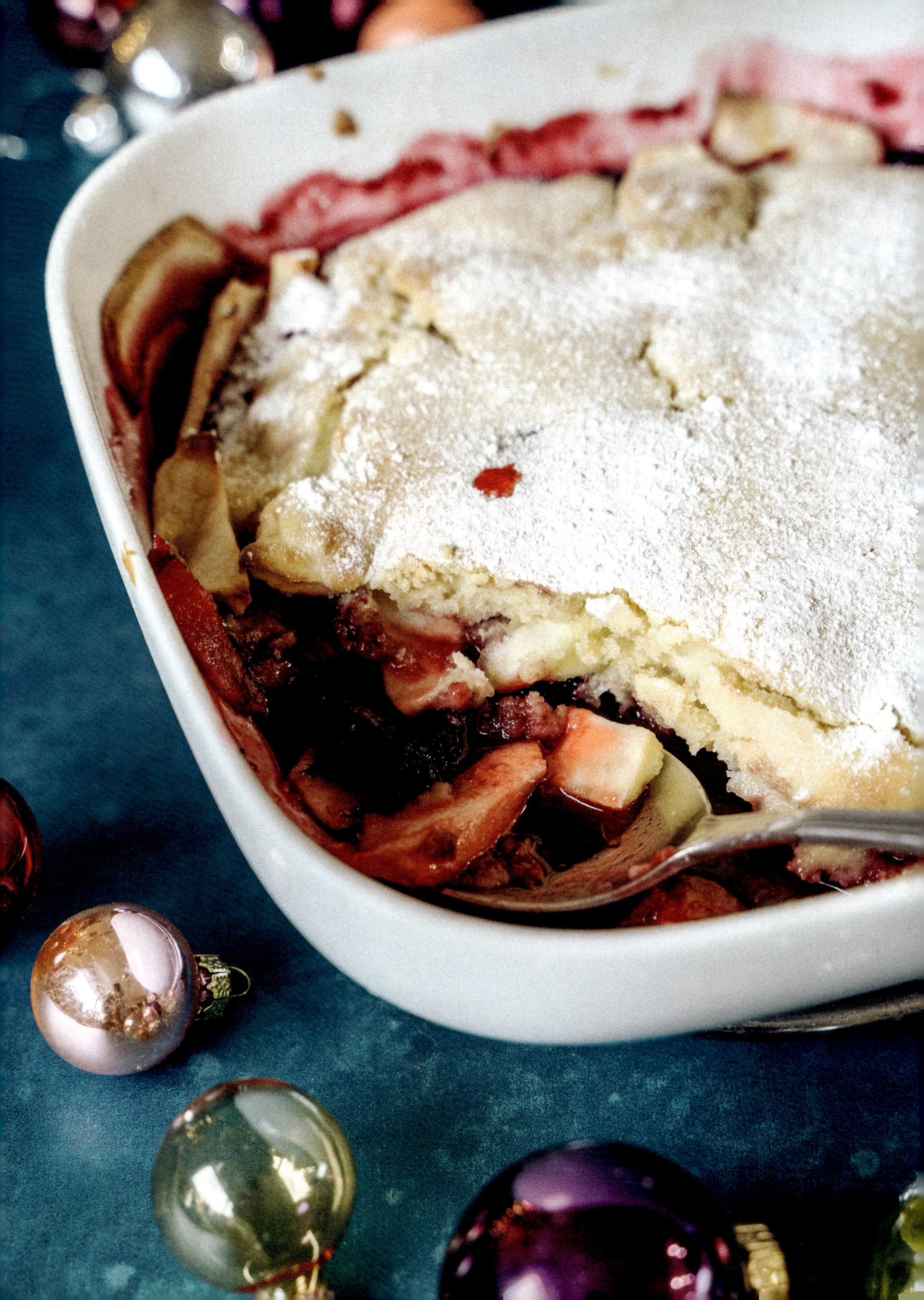

ROULADE CEULED LEMWN

Nid pawb fedrith stumogi pwdin trwm efo cwstard ar ddiwrnod Dolig, felly dyma i chi rywbeth tipyn ysgafnach sydd hefyd yn addas i rai na all fwyta glwten. Mae blas chwerw'r ceuled lemwn (lemon curd) yn torri drwy felyster y meringue yn hyfryd. Gallwch ddefnyddio unrhyw geuled fynnoch chi, neu ei hepgor yn gyfan gwbl a llenwi'r roulade efo ffrwythau a hufen.

Cynhwysion

Meringue
- 3 gwynnwy
- 6 owns siwgr mân
- 1 llwy de o finegr gwyn
- 1 llwy de o flawd corn (*cornflour*)

Llenwad
- 380ml hufen dwbwl
- 3 llond llwy fwrdd o geuled lemwn o ansawdd da (*lemon curd*)
- mafon/llus, fel y mynnoch

Dull

- Cynheswch y popty i 180°C / 160°C ffan / nwy 4.
- Rhowch haenen o bapur pobi ar dun pobi maint 23 × 32cm.
- Chwisgiwch y gwynnwy nes ei fod yn stiff ac yn sefyll yn bigau.
- Ychwanegwch 1 llwy fwrdd o'r siwgr mân a chwisgio nes bod y gymysgedd yn ffurfio pigau sgleiniog.
- Ychwanegwch weddill y siwgr, fesul llwyaid, nes bod y gymysgedd yn drwchus ac yn sgleiniog.
- Ychwanegwch y blawd corn a'r finegr a'u cymysgu'n ofalus
- Taenwch y gymysgedd ar hyd y tun.
- Pobwch am 12–15 munud neu nes ei fod yn teimlo'n galed wrth ei gyffwrdd.
- Gadewch iddo oeri.
- I'w roi at ei gilydd, gosodwch ddarn mawr o bapur pobi ar y bwrdd, yna trowch y *meringue* arno yn ofalus. Tynnwch y tun a'r papur.
- Chwipiwch yr hufen nes ei fod yn drwchus ond heb fod yn rhy stiff, yna'i daenu dros y *meringue*, gan adael ychydig dros ben i addurno.
- Gwasgarwch y ceuled lemwn yn dalpiau dros yr hufen a rhoi'r ffrwythau ar ei ben, gan adael ychydig i addurno.
- Gan wneud yn siŵr fod yr ochr fyrraf yn eich wynebu, rholiwch y *roulade* – codwch y papur, rhoi eich llaw oddi tano a mynd â'r papur (a'r *roulade*) oddi wrthych.
- Codwch y *roulade* yn ofalus (mi fydda i'n defnyddio 2 sleis bysgod, neu *fish slice*) a'i rhoi ar blât hir.
- Rhowch ychydig o hufen ar hyd y *roulade*, ychydig o geuled ar ben yr hufen a ffrwythau ar eu pen i addurno.

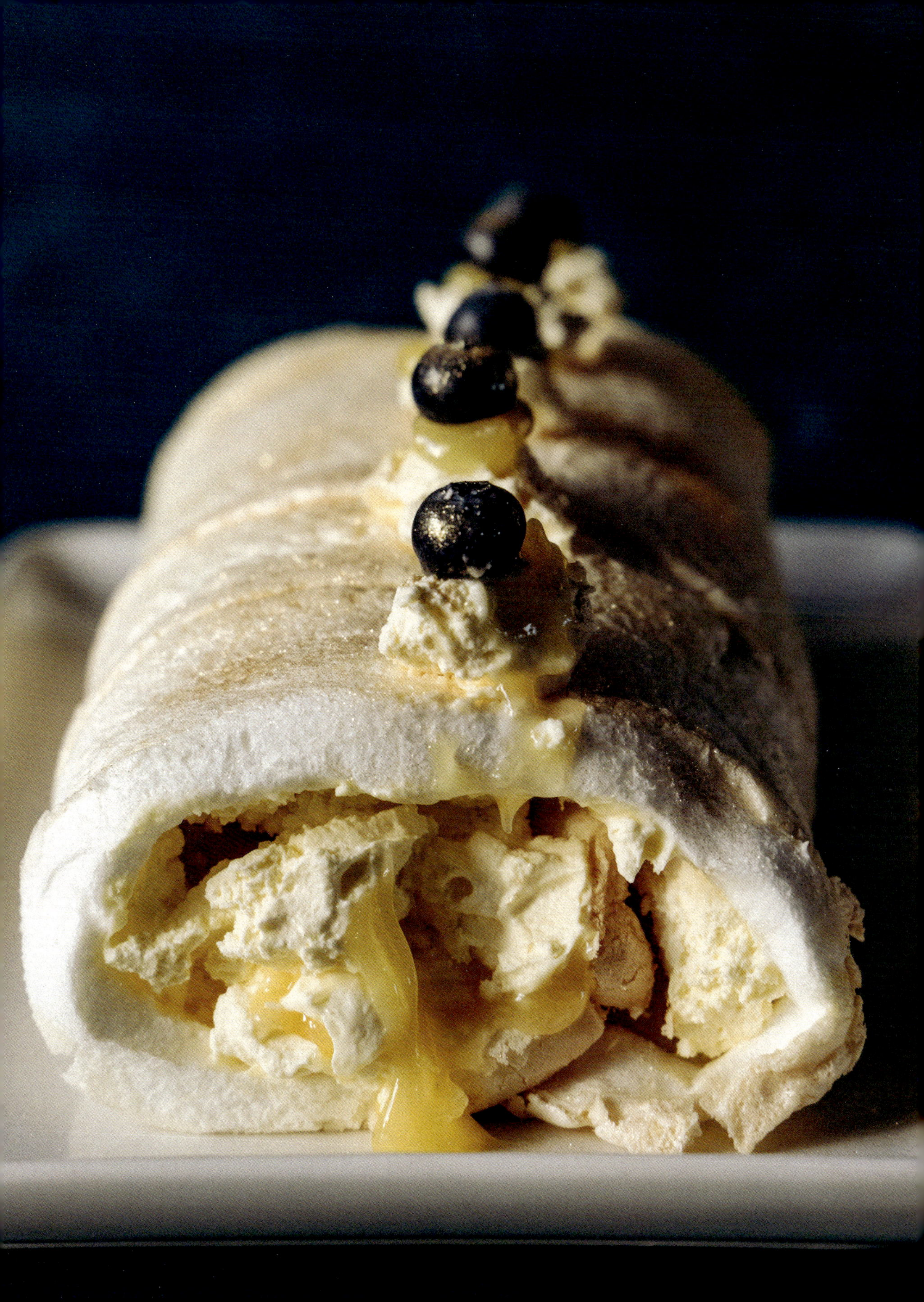

TORCH PAVLOVA

Dwi wrth fy modd efo pavlova. Dwi wedi hen golli cownt faint dwi wedi'u gwneud dros y blynyddoedd. Mi wnes i un unwaith ar gyfer ffrindiau (sy'n gymdogion) oedd wedi dod draw am fwyd. Fe aeth i lawr yn dda ac mi rois i'r gweddill i fy ffrind i fynd adra efo fo. Wrth iddo gerdded adra â'r pavlova yn ei law, mi agorodd carrai ei esgid. Rhoddodd y pavlova yn ofalus ar wal a phlygu i lawr i gau ei garrai. Pan gododd yn ôl i fyny, roedd o wedi anghofio popeth am y pwdin ac adra â fo a'i adael ar ben y wal!

Mi fydda i wastad yn gwneud un ar gyfer diwrnod Dolig. Ond gan ei fod yn rhywbeth dwi'n ei wneud yn reit aml, rhaid gwneud rhywbeth yn wahanol a hithau'n achlysur arbennig. Felly, dyma'i gwneud ar ffurf torch sydd nid yn unig y edrych yn drawiadol ond hefyd yn haws i'w rhannu. Gwnewch yn siŵr eich bod yn gwneud o leiaf yr un nifer o gylchoedd ag sydd ganddoch chi rownd y bwrdd.

Cynhwysion

- 4 gwynnwy
- 225g siwgr mân
- 1 llwy de o finegr gwyn
- 1 llwy de o flawd corn (*cornflour*)
- 1 llwy de o rinflas fanila (*vanilla essence*)
- potyn 600ml o hufen dwbwl
- amrywiol ffrwythau, e.e. mefus, ciwi a llus

Dull

- Cynheswch y popty i 130°C / 110°C ffan / 0.5 nwy.
- Rhowch haenen o bapur pobi ar y tun pobi mwyaf sydd ganddoch. Mi fydd angen digon o le i greu cylch allan o gylchoedd o *meringue*.
- Chwisgiwch y gwynnwy nes ei fod yn stiff ac yn sefyll yn bigau.
- Ychwanegwch 1 llwy fwrdd o'r siwgr mân a chwisgio nes bod y gymysgedd yn ffurfio pigau sgleiniog.
- Ychwanegwch weddill y siwgr, fesul llwy, nes bod y gymysgedd yn drwchus ac yn sgleiniog.
- Ychwanegwch y blawd corn a'r finegr a'u cymysgu'n ofalus.
- Rhowch y gymysgedd mewn cylchoedd ar y tun, gan geisio'u gwneud yr un maint (gallwch wneud cylchoedd efo pensil ar y papur yn gyntaf os mynnwch), i ffurfio un cylch mawr.
- Rhowch y tun yn y popty a choginio am chwarter awr cyn troi'r tymheredd i lawr i 100°C / 80°C ffan / 0.25 nwy, a'i adael am awr arall.
- Gadewch iddo oeri'n llwyr yn y popty (am ddwy awr o leia).
- Chwipiwch yr hufen a pharatoi eich ffrwythau.
- Tynnwch y *meringue* yn ofalus oddi ar y papur a'i rhoi ar blât mawr.
- Rhowch hufen ar bob cylch a'u haddurno â'r ffrwythau i edrych fel torch Nadoligaidd.

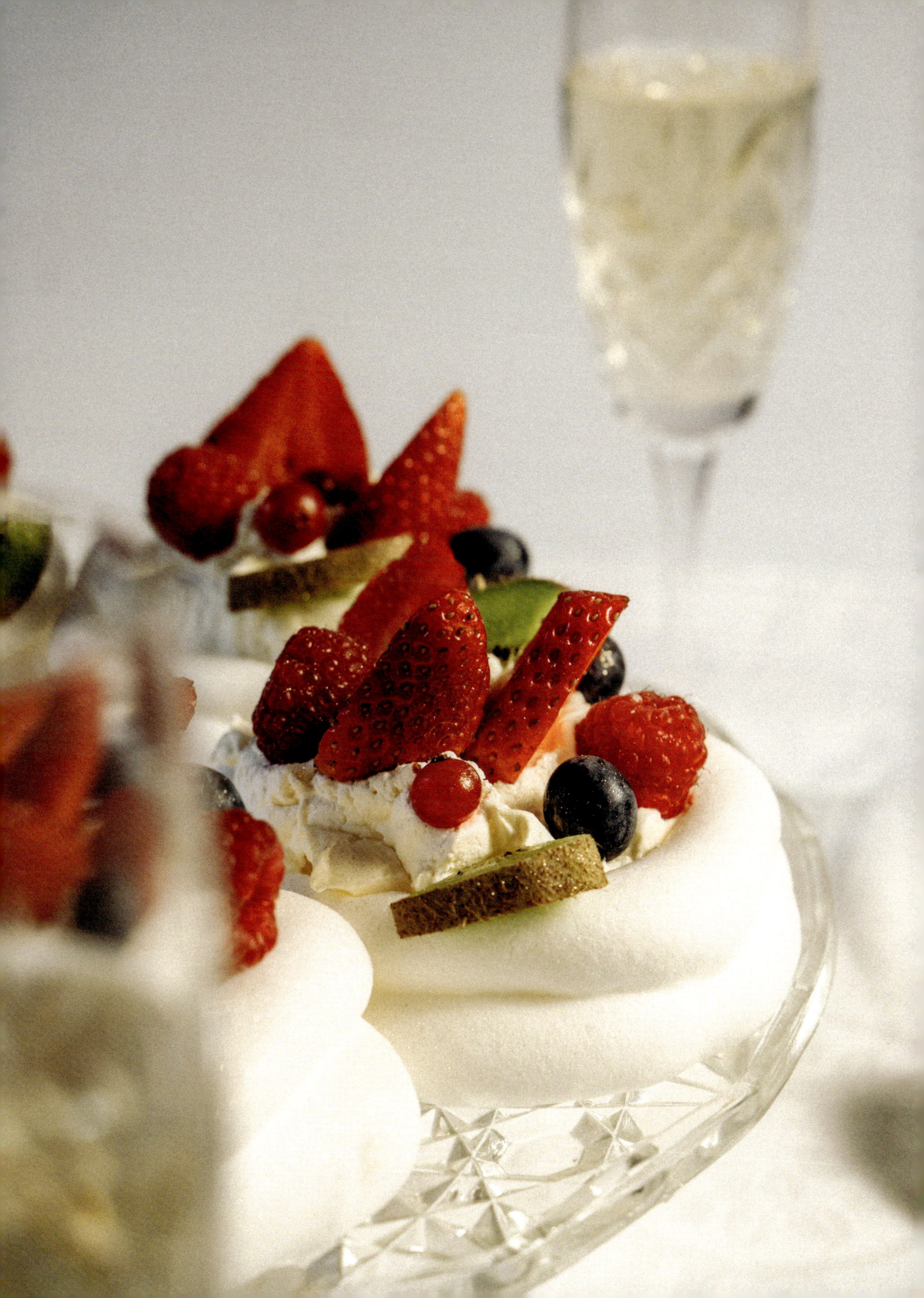

TARTEN OREN A SIOCLED

Pan oeddwn i'n tyfu i fyny yn Llanberis yn y chwedegau a'r saithdegau, roedd y rhan fwya o blant y pentref yn mynd i'r ysgol Sul, a finnau yn eu plith. Eglwyswyr oedd teulu fy nhad a cefais innau fy ngyrru i'r ysgol Sul yn eglwys fawreddog Padarn Sant. Roedd yr eglwysi a'r capeli hefyd yn cynnal nosweithiau Band of Hope. Er mai mudiad Cristnogol i annog plant i fod yn llwyrymwrthodwyr oedd y Band of Hope, neu'r 'bandohôp' fel roeddan

ni'n ei alw, roedd o'n debycach i glwb ieuenctid, a hyn yn y dyddiau pan mai dim ond bechgyn oedd yn cael mynd i'r clwb ieuenctid yn Llanberis. Yn wir, y fi a dwy o'm ffrindiau oedd y genod cynta i gael mynediad i'r clwb ieuenctid yn y Church House, a hynny gan fod tad un ohonan ni'n helpu yno. Doedd ganddyn nhw ddim syniad be' fyddai'n diddanu genod ifanc tair ar ddeg oed, felly dyma roi menig bocsio i ni. Fe gymerodd un o fy ffrindiau swing tuag ata i a thorri fy nhrwyn! Dwi'm yn cofio cael y menig bocsio fyth wedyn.

Bob Dolig mi fyddai yna de parti ysgol Sul. Ac mi fyddwn i'n eiddigeddus iawn o'm ffrindiau oedd yn mynd i'r capel, achos mi fyddai pob plentyn oedd yn mynd i barti Dolig y capeli yn cael Selection Box bob un gan Siôn Corn, a'r rheini'n cynnwys chwe pheth, sef Twix, Marathon, Mars, Milky Way, Treats a Spangles. Ond yn yr eglwys, tiwb o Smarties ac oren fyddan ni'n ei gael. Ond, rhaid dweud, mi roeddan nhw'n glamp o orenau mawr, blasus. Dyma i chi bwdin felly'n cyfuno dau flas poblogaidd – siocled ac oren.

Cynhwysion

Gwaelod
225g bisgedi siocled (chocolate digestives)
75g menyn

Llenwad
3 oren
1 lemwn
6 wy
150g siwgr mân
150ml hufen dwbwl

75g siocled i addurno

(Os ydych chi'n defnyddio orenau Seville, sy'n eitha chwerw: 4 oren (dim lemwn) a 200g siwgr mân.)

Dull

- Malwch y bisgedi yn llwch, un ai mewn prosesydd bwyd neu drwy eu rhoi mewn bag plastig a'u taro efo rholbren.
- Toddwch y menyn a'i gymysgu efo'r bisgedi.
- Gwasgwch y gymysgedd hyd waelod ac ochrau tun tarten 23cm o faint, defnyddiwch gefn llwy fawr i'w gwasgu i lawr.
- Rhowch y gymysgedd yn yr oergell am ryw awr i galedu.
- Cynheswch y popty i 130°C / 110°C ffan / nwy 1.
- Gratiwch groen yr orenau a'r lemwn.
- Gwasgwch y ffrwythau a mesur 180ml o sudd.
- Chwisgiwch yr wyau a'r siwgr yn dda.
- Ychwanegwch yr 180ml o sudd, y croen a'r hufen a'u cymysgu'n dda.
- Tywalltwch i fewn i'r casyn bisgedi a'i bobi am tua 40 munud nes bod y llenwad wedi setio ond yn dal ychydig yn feddal yn y canol.
- Addurnwch â chrafion siocled ac ambell stribed o groen oren.
- Mae hon yn well o'i bwyta ar y diwrnod mae'n cael ei gwneud.

CACEN GAWS LEMWN A SINSIR

Dwi'n cofio'r gacen gaws gynta i mi ei gwneud, un efo jeli coch a chaws Philadelphia. Dwi wedi gwneud llawer iawn o gacennau caws o bob math ers hynny. Dyma ffefryn y foment!

Cynhwysion

110g bisgedi sinsir

50g menyn

pecyn teulu (340g) caws meddal braster llawn

600ml hufen dwbwl

200g ceuled lemwn (*lemon curd*) o ansawdd da

2 tafell gelatin

llond llwy fwrdd o siwgr eisin

3 darn sinsir (*stem ginger*) ac ychydig o surop o'r jar

croen un lemwn

Dull

- Rhowch bapur pobi ar waelod tun 18cm, un ai tun efo gwaelod rhydd neu un *springform*.
- Malwch y bisgedi sinsir mewn prosesydd neu eu rhoi mewn bag plastig a'u torri â rholbren.
- Toddwch y menyn mewn sosban ar wres isel, ychwanegwch y bisgedi a'u taenu dros waelod y tun. Gwastatwch â chefn llwy ond peidiwch â phacio'n rhy dynn neu bydd y gacen yn anodd ei thorri. Rhowch yn yr oergell i setio.
- Rhowch y tafelli gelatin mewn powlen o ddŵr oer am bum munud i feddalu.
- Rhowch lwy fwrdd o'r ceuled mewn sosban fach a'i gynhesu.
- Pan fydd y dail gelatin yn feddal, ychwanegwch nhw at y ceuled poeth a'u troi nes byddan nhw'n toddi. Tynnwch oddi ar yr hob.
- Un ai mewn cymysgydd neu mewn powlen fawr, chwipiwch 300ml o'r hufen dwbwl nes ei fod yn drwchus.
- Ychwanegwch y caws meddal, a chwipio eto, yn ysgafn, ac yna ychwanegwch y ceuled lemwn ynghyd â'r gymysgedd ceuled a gelatin a'r siwgr eisin. Cymysgwch yn drwyadl.
- Gwasgarwch y cyfan dros y bisgedi a lefelu'r top â chyllell balet.
- Rhowch y gacen yn yr oergell am ychydig oriau i setio.
- Chwipiwch weddill yr hufen dwbwl.
- Torrwch 2 ddarn o'r sinsir yn fân ac ychwanegu hwnnw, ynghyd â tua 1 llond llwy fwrdd o surop o'r jar *stem ginger* at yr hufen.
- Rhowch yr hufen mewn bag peipio a pheipiwch rosod dros y gacen gaws.
- Torrwch y trydydd darn o sinsir yn fân a'i ddefnyddio i addurno, ynghyd â'r croen lemwn.

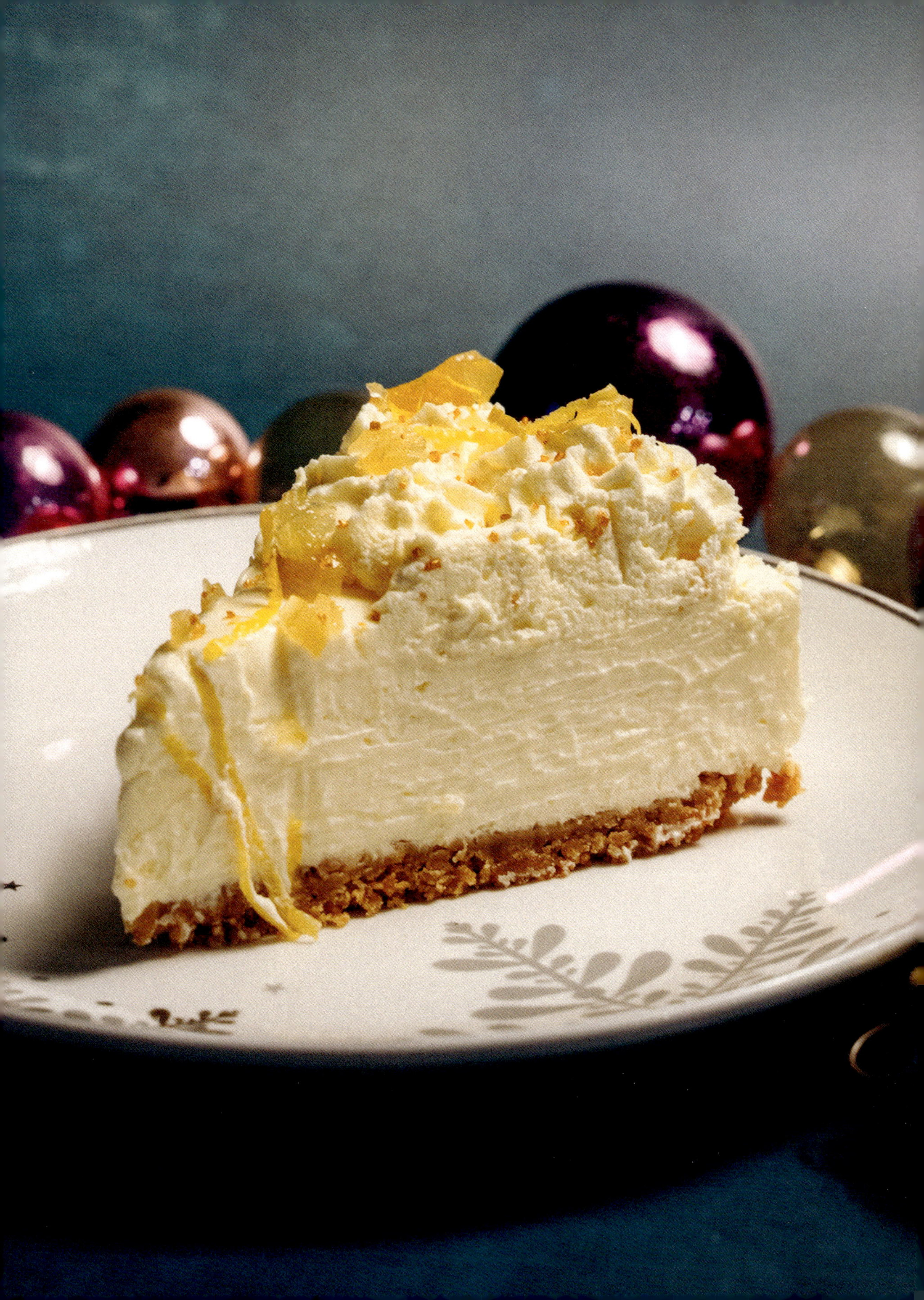

CRANACHAN

Pwdin traddodiadol o'r Alban ydi cranachan, a'r arfer yw ei fwyta ar ddechrau'r haf, yn ystod tymor y mafon. Mae hefyd yn bwdin poblogaidd i'w gynnig ar Burns Night, pan fydd yr Albanwyr yn cofio'u bardd enwog Robbie Burns. Diwrnod Santes Dwynwen ydi'r diwrnod yna i ni, sef 25 Ionawr. Dwi wedi'i gynnwys o yma, yn un peth achos ei fod mor hawdd i'w wneud ac yn hynod flasus, ond hefyd am fy mod i'n meddwl y basa fo'n bwdin ardderchog ar gyfer unrhyw ddathliadau Hogmanay.

Digon i ddau

Cynhwysion

2 lond llwy fwrdd o geirch (*porridge oats*)

lwmp bach o fenyn (os mynnwch)

pecyn bach o fafon ffres

carton bach 150ml o hufen dwbwl

1 llond llwy bwdin o fêl

dram o whisgi

Dull

- Rhowch y ceirch mewn padell ar yr hob a'u tostio gan gadw llygad rhag iddyn nhw losgi. Dwi'n licio ychwanegu lwmp bach o fenyn ar ôl ychydig er mwyn iddyn nhw fod yn fwy crensiog, ond does dim raid.
- Chwipiwch yr hufen ac ychwanegu'r mêl a'r whisgi.
- Rhowch haenau o fafon (gan gadw dwy o'r neilltu) mewn dau wydr, yna'r hufen ac yna'r ceirch. Gwnewch yr un peth eto, gan gadw ychydig o'r hufen ar ôl.
- Gosodwch yr hufen ac un o'r mafon ar y top a diferwch ddropyn bach o fêl dros y cyfan.

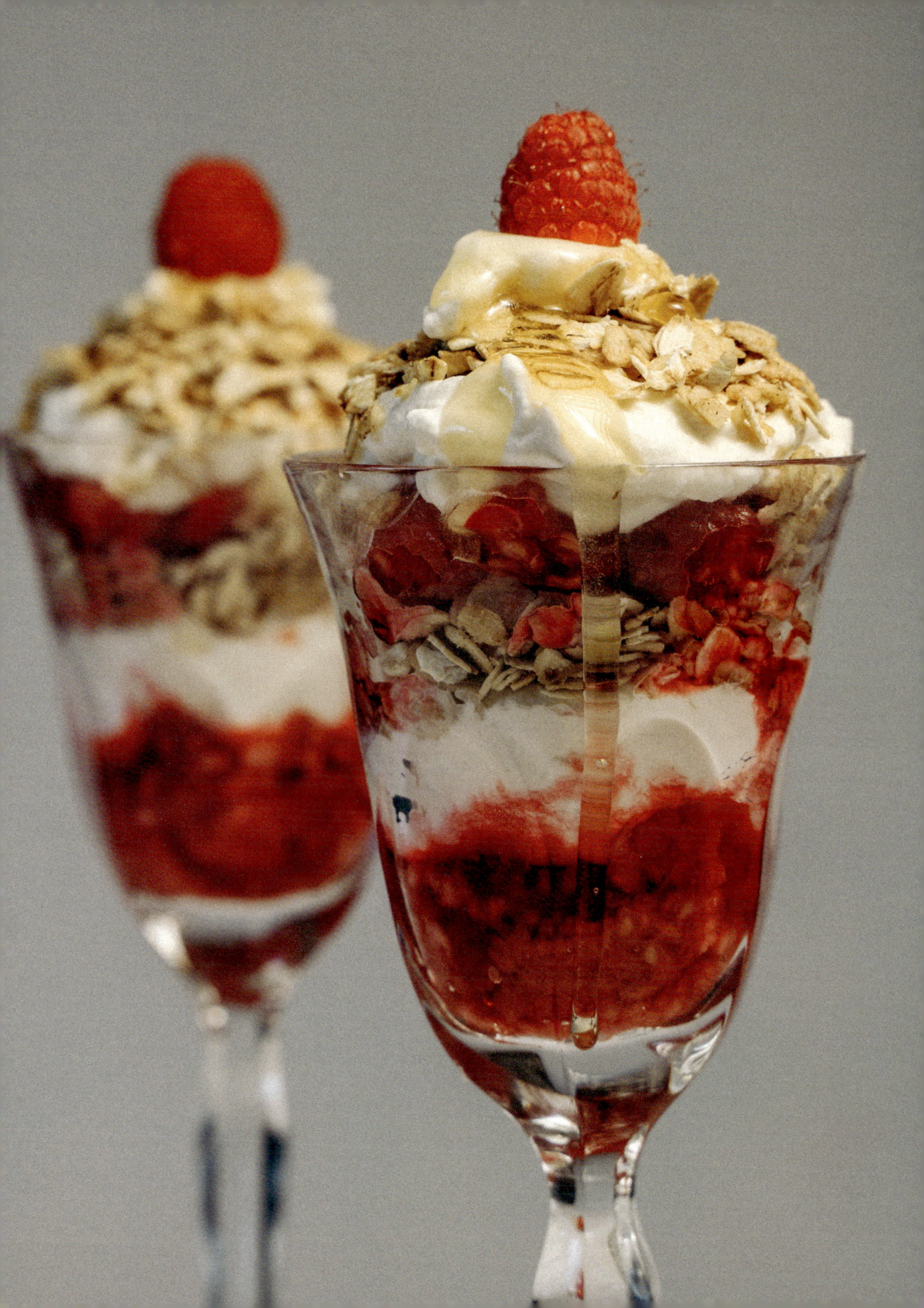

TREIFFL MAM

Tydi Dolig ddim yn Ddolig heb dreiffl! Mi ges i fy nhemtio i roi hwn yn yr adran brecwast achos dyma fy mrecwast i bob bore Gŵyl San Steffan! Mi wnes i gyhoeddi hynny ar dudalen Facebook Curo'r Corona'n Coginio unwaith, a synnu gweld bod hyn yn draddodiad mewn nifer o gartrefi eraill hefyd. Dyma'r treiffl fyddai Mam yn ei wneud, nid yn unig adeg Dolig ond ar achlysuron eraill hefyd. Ar fwy nag un achlysur dwi'n cofio hi'n mynd â threiffl, yn ei bowlen wydr, grand, i bicnic ar lan y môr. Doeddan ni ddim yn mynd i lan y môr yn aml pan oeddan ni'n blant, yn bennaf am fod Mam yn rhy brysur yn rhedeg caffi yn ystafell ffrynt y tŷ yn ystod yr haf. Felly roedd trip i'r traeth yn dipyn o achlysur. Dwi'n cofio mynd i draeth Berffro (Aberffraw) un tro. Mi rododd Mam liain ar y tywod a gosod y picnic yn ddel hyd-ddo, gan gynnwys y treiffl. Wrth iddi basio powlennaid o dreiffl i mi, mi laniodd gwenyn ar fy llaw ac yn fy nychryn mi ollyngais y bowlen i ganol plataid o frechdanau ham! Doedd Mam ddim yn hapus!

I wneud powlennaid gymedrol ei maint

Cynhwysion

1 Swisrôl jam

1 paced jeli coch

1 tun mefus

400–500g o gwstard – o dun, o bot neu wedi'i wneud ganddoch chi

300ml hufen dwbwl

I addurno

bar o siocled gwyn

lliw gwyrdd

Dull

- Y noson cynt, neu o leia bedair awr cyn y byddwch angen y treiffl, torrwch y jeli yn giwbiau a'u rhoi mewn jwg mesur. Rhowch ddŵr berw hyd at 1/4 peint a'i droi i doddi'r jeli. Mi fydda i'n colli amynedd ar ôl chydig ac yn ei roi yn y microdon am funud neu ddau i wneud iddo doddi'n gynt.
- Tywalltwch y sudd o'r tun mefus i mewn i'r jwg ac ychwanegu dŵr, os oes angen, i'w wneud yn beint.
- Torrwch y Swisrôl yn ddarnau a'u gosod yn y bowlen.
- Rhowch y mefus yn y bowlen a thywallt y jeli drostyn nhw.
- Rhowch blât dros y bowlen a'i roi yn rhywle oer i setio.
- Ar ôl iddo setio, rhowch y cwstard (oer) dros y jeli.
- Chwipiwch yr hufen a'i roi dros y cwstard. Y ffordd hawsaf o wneud hyn, os ydi eich cwstard yn denau, ydi ei roi mewn bag peipio a'i beipio dros y cwstard. Ond os ydach chi'n ei roi efo llwy, rhowch o fesul ychydig gan ddechrau o'r ochrau a gweithio'ch ffordd i'r canol rhag ofn i'r hufen suddo i'r cwstard.
- I wneud y coed siocled: toddwch siocled gwyn, un ai yn y microdon neu mewn powlen uwchben sosbannaid o ddŵr sy'n mudferwi.

- Ar ôl iddo doddi, taenwch yn siocled yn denau (ond ddim yn rhy denau neu mi fydd y coed yn rhy dila i sefyll i fyny) ar hyd darn o bapur pobi wedi'i osod ar dun pobi bach a gadael iddo setio.
- Wedi iddo galedu, torrwch yn drionglau i gyfleu siâp coed Dolig a pheintiwch y lliw gwyrdd drostyn nhw efo brwsh glân. Gallwch ychwanegu peli siwgr cyn i'r siocled setio os mynnwch, neu roi glitr bwyd drostyn nhw.
- Yn y llun dwi wedi defnyddio dwbwl y rysáit gan fod y bowlen yn un fawr.

POTIAU BACH O SIOCLED OREN

Mae hwn yn bwdin moethus, felly does dim angen llawer ohono. Mae mor hawdd i'w wneud ac yn siŵr o blesio unrhyw chocoholic! Gallwch amrywio'r blas at eich dant – drwy hepgor yr oren a'r Cointreau a defnyddio brandi neu wirod arall.

Digon i 4

Cynhwysion

200ml hufen dwbwl

100ml llefrith

200g siocled tywyll (o leiaf 70% *cocoa solids*)

croen 1 oren

2 lond llwy fwrdd o Cointreau

Dull

- Torrwch y siocled yn ddarnau bach a'i roi mewn powlen o faint canolig. Y ffordd fwya boddhaol o wneud hyn ydi waldio'r siocled yn erbyn y bwrdd cyn i chi ei dynnu o'r papur!
- Gratiwch groen yr oren i mewn i'r bowlen fel bod unrhyw olew o'r croen oren yn mynd i mewn iddi. Cadwch ychydig dros ben i addurno.
- Rhowch yr hufen a'r llefrith mewn sosban a'u codi i'r berw.
- Yn union wrth i'r gymysgedd ddechrau berwi, tywalltwch dros y siocled a throi nes bod y siocled wedi toddi.
- Ychwanegwch y Cointreau a'i droi'n dda eto cyn ei dywallt i 4 cwpan *espresso*, gwydrau neu botiau bach.
- Addurnwch â chroen oren neu ddarnau o oren.

SYLLABUB

Mae'r pwdin Seisnig hynafol hwn, sy'n gymysgedd o win a hufen, yn ffordd dda o ddefnyddio unrhyw win a hufen sydd ganddoch dros ben. Mae'r enw'n deillio o'r hen enw Elisabethaidd am fizz, mae'n debyg. Yn ôl y sôn, arferid godro buwch yn syth i mewn i fowlen o seidr neu win, ond peidiwch â phoeni, tydw i ddim am ofyn i chi wneud hynny!

Digon i 4 bach neu 2 fawr

Cynhwysion

100ml gwin gwyn melys

50g siwgr mân

1 lemwn

300ml hufen dwbwl

Dull

- Rhowch y gwin mewn sosban fach efo'r siwgr a stribedi tenau o groen y lemwn (y croen yn unig, ond nid y pith sydd oddi tano).
- Cynheswch ar wres isel, nes bod y siwgr wedi toddi.
- Gadewch am o leia awr i'r blas gryfhau.
- Tynnwch y croen lemwn allan, a rhoi'r gwin mewn powlen fawr.
- Tywalltwch yr hufen i mewn i'r bowlen a chwisgiwch gan fod yn ofalus rhag gorchwipio. Fe ddylai *syllabub* fod yn ysgafn.
- Rhannwch rhwng gwydrau bychain.

POSET CLEMENTIN

Pan oeddwn i'n blentyn, doedd dim sôn am glementin na satswma, dim ond tanjerîn – a hynny yn nhymor y gaeaf yn unig. Fy nghof cynta o gael tanjerîn oedd fel trît am fy mod i'n sâl efo'r frech goch, ac yn gorfod gorwedd ar y soffa efo'r llenni wedi cau rhag ofn i mi niweidio fy llygaid. Fe ddigwyddodd hyn i fy nain, a gollodd y rhan fwya o'i golwg yn un llygad pan oedd hi'n blentyn, diolch i'r frech goch.

Roeddwn i a mrawd, sydd dair blynedd yn 'fengach na fi, yn cael tanjerîn yn ein hosan bob Dolig. Mi fyddan ni'n rhoi cas gobennydd ac un o sanau Dad ar waelod ein gwlâu bob noswyl Dolig. Yn y bore mi fyddai'r sach yn llawn anrhegion, ac yn yr hosan fe fyddai yna danjerîn yn ei gwaelod, ac wedyn da-da Quality Street a chnau. Dwi'n cofio un flwyddyn, erbyn i fy rhieni godi roeddwn i a mrawd wedi bwyta'r da-da, wedi taflu'r cnau i un ochr ac wedi defnyddio'r sanau, efo'r tanjerîn yn eu gwaelod, fel arf i waldio ein gilydd nes bod y ddau danjerîn yn slwj!

Gallwch wneud y pwdin bach hynafol yma efo unrhyw ffrwyth sitrws. Dwi hefyd wedi'i wneud efo mafon a passion fruit. *Y tro cynta imi wneud poset, ro'n i'n methu coelio pa mor hawdd oedd o! Ond cofiwch ei fod yn llawn braster, felly gwydrau bach amdani.*

Digon i 2

Cynhwysion

300ml hufen dwbwl

80g siwgr mân

sudd a chroen 2 glementin

stribedi o groen 1 clementin arall i addurno

sudd a chroen 1/2 lemwn

Dull

- Rhowch yr hufen a'r siwgr mewn sosban fach a'u codi i'r berw ar wres isel.
- Berwch am funud.
- Tynnwch y sosban oddi ar yr hob ac ychwanegu sudd a chroen y 2 glementin a'r 1/2 lemwn.
- Gadewch iddo oeri am ychydig funudau cyn ei arllwys i mewn i ddau wydr.
- Tasgwch groen clementin drostyn nhw a'u rhoi yn yr oergell am o leia ddwy awr i setio cyn eu bwyta efo teisennau (*shortbread*) siwgr brown (tud 166).

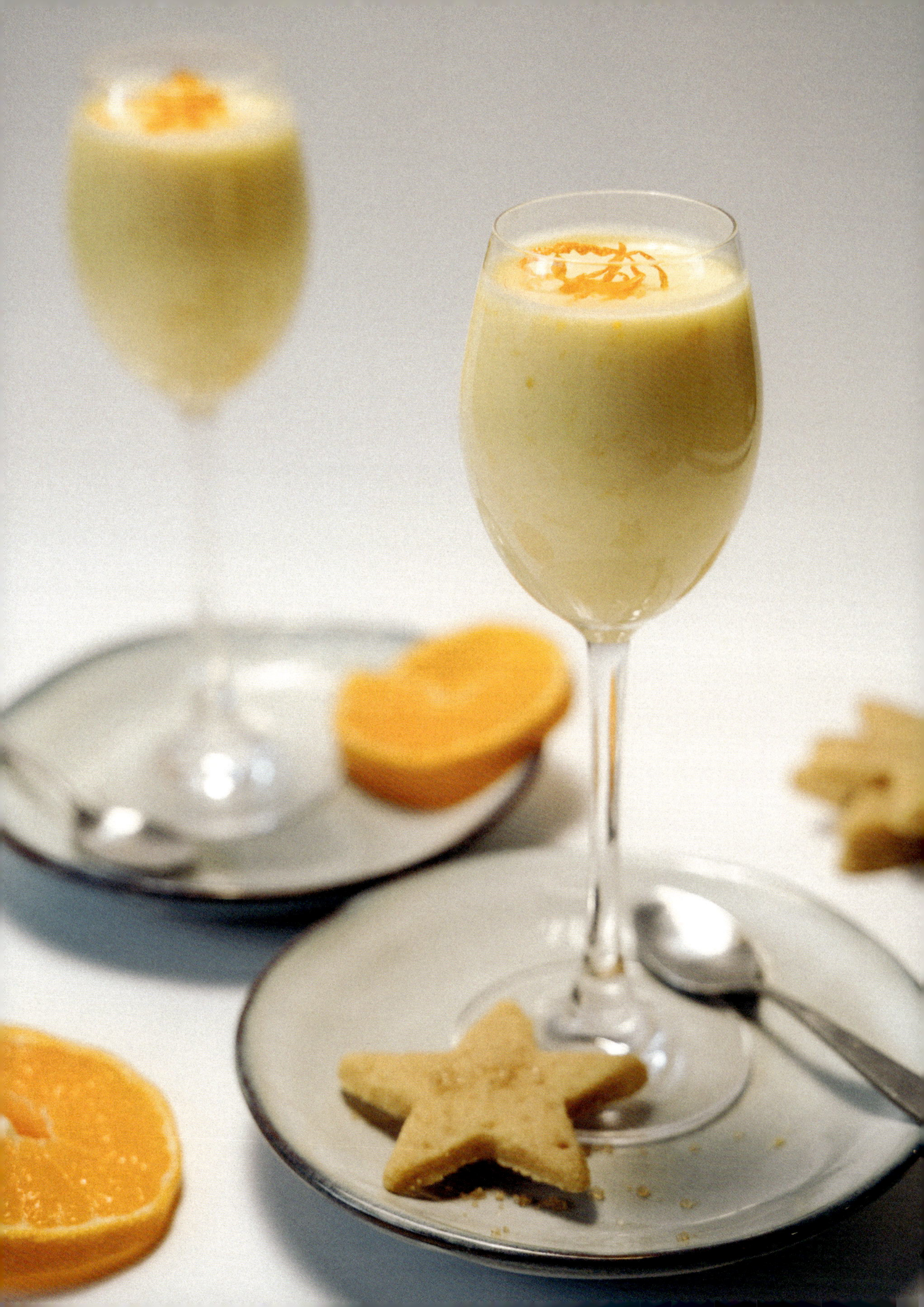

GELLYG MEWN GWIN GWYN EFO HUFEN CHANTILLY

Dyma i chi bwdin hyfryd, hawdd i'w wneud, sydd hefyd yn isel mewn calorïau. Mi fyddai'n is fyth petaech chi'n ei fwyta efo iogwrt yn hytrach nag hufen.

Digon i 6

Cynhwysion

6 gellygen o'r un maint

digon o win gwyn i orchuddio'r gellyg mewn sosban

1 pod fanila

2 ddarn o sinamon

6 clof

Gallwch fwyta'r rhain yn gynnes neu'n oer. Maen nhw'n flasus iawn gyda hufen Chantilly.

Dull

- Rhowch y gwin mewn sosban sy'n ddigon mawr i ffitio'r gellyg ynddi fel eu bod yn cael eu trochi yn y gwin, ond yn ddigon bach fel nad ydach chi angen gormod o win.
- Torrwch ar hyd canol y pod fanila efo cyllell fain a chrafu'r hadau i'r gwin.
- Torrwch y pod yn ddau a'u rhoi yn y gwin, efo'r sinamon a'r clof.
- Pliciwch groen y gellyg yn ofalus gan gadw'r coesyn yn sownd.
- Os nad ydi'r gellyg yn medru sefyll, torrwch ddarn bach o'r gwaelod i'w galluogi i wneud hynny.
- Rhowch y gellyg yn y gwin a chodwch y gwin yn araf i'r berw.
- Trowch y gwres i lawr a gadael i'r gellyg ffrwtian yn y gwin am tua 30–40 munud gan eu troi'n ofalus bob hyn a hyn nes byddan nhw wedi coginio drwyddyn nhw.
- Codwch y gellyg o'r sosban efo llwy a'u gosod i sefyll ar blatiau neu mewn powlenni.
- Trowch y gwres i fyny dan y gwin a'i ferwi am ychydig i'w dewychu.
- Tywalltwch y gwin dros y gellyg.

HUFEN CHANTILLY

Cynhwysion

150ml hufen dwbwl

ychydig o rinflas fanilla

2 lwy de o siwgr mân

Dull

- Chwisgiwch yr hufen nes ei fod wedi tewychu, ond heb fod yn rhy drwchus.
- Ychwanegwch y siwgr a'r fanila.

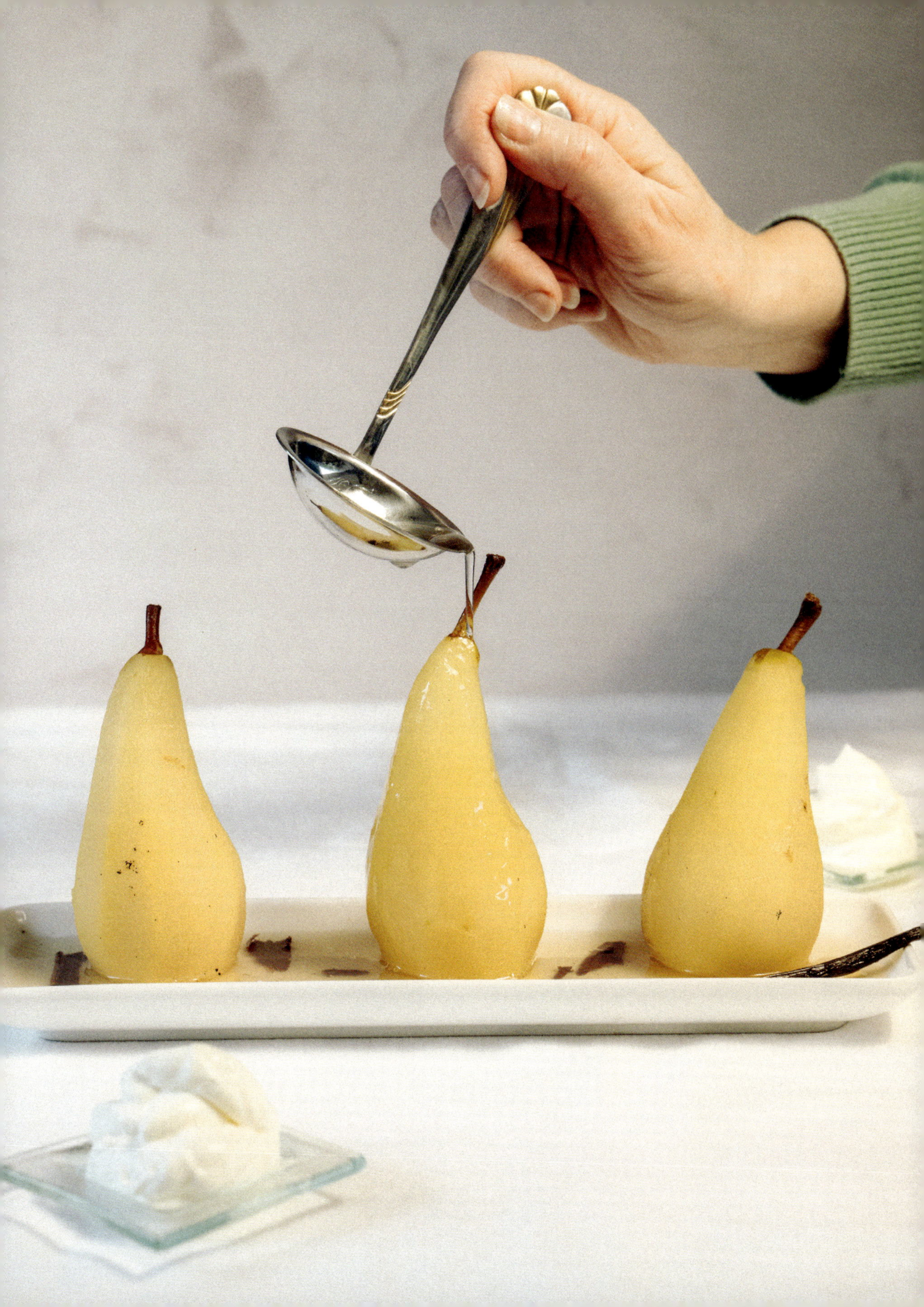

FFIGYS WEDI'U RHOSTIO MEWN MÊL EFO CNAU

Dyma i chi bwdin bach cyflym sy'n hynod hawdd i'w wneud ac eto'n edrych yn drawiadol.

Digon i 2

Cynhwysion

4 ffigys

2 lwyaid fawr o fêl clir

llond llwy fwrdd o gnau – dwi'n hoffi defnyddio pistasio oherwydd eu lliw

1 oren bach

carton bach o iogwrt Groegaidd

Dull

- Cynheswch y popty i 180°C / 160°C ffan / nwy 4.
- Rhowch y ffigys mewn dysgl neu dun rhostio efo haenen o bapur pobi ar ei waelod. Torrwch groes ym mhob un gan gyrraedd tua hanner ffordd drwy'r ffrwyth. Mi fydd yn agor allan wrth goginio.
- Torrwch y cnau yn ddarnau llai a gwthiwch ychydig i bob ffigys.
- Gratiwch groen yr oren cyn ei dorri yn ei hanner a gwasgu'r sudd i jwg.
- Cymysgwch y sudd a'r mêl a'u tywallt dros y ffigys.
- Pobwch am tua 15 munud nes bod y ffigys yn feddal. Gwyliwch rhag i'r mêl losgi.
- Tra mae'r ffigys yn rhostio, cymysgwch y croen oren efo'r iogwrt Groegaidd, ynghyd â llwyaid bach o fêl, os mynnwch.
- Codwch y ffigys ar ddau blât neu bowlenni efo llwyaid fawr o'r iogwrt.

PINAFAL WEDI'I FFRIO EFO RYM A CHOCONYT

Dyma i chi bwdin bach ysgafn arall, ac er mod i'n ei gynnwys yma, mae'n f'atgoffa i o'r haf, ac yfed piña coladas ar draeth. Rhywbeth i edrych ymlaen ato yn ystod llymder y gaeaf!

Digon i 4

Cynhwysion

1 pinafal

llond llwy fwrdd o goconyt mân

40g menyn

sudd 1 leim

2 lond llwy fwrdd o rym

llond llwy fwrdd o siwgr brown (demerara)

Dull

- Gan ddefnyddio cyllell finiog, tynnwch y croen a'r llygaid oddi ar y pinafal.
- Torrwch y pinafal yn gylchoedd tua 1cm o drwch a'u torri wedyn yn chwarteri.
- Rhowch y coconyt mewn padell sych a'u tostio nes eu bod yn frown. Cymysgwch â'r siwgr brown a'u rhoi i un ochr.
- Toddwch y menyn mewn padell ffrio ac ychwanegu'r pinafal.
- Coginiwch nes bod y pinafal yn dechrau crasu.
- Trowch y cylchoedd drosodd i grasu yr ochr arall.
- Ychwanegwch y sudd leim a'r rym a'u cynhesu drwyddo.
- Ychwanegwch y siwgr a'r coconyt, a'u cymysgu'n dda.
- Rhannwch rhwng pedair dysgl.
- Hyfryd efo hufen iâ!

CWPANAU BACH SIOCLED

Pan fyddai fy mhlant i'n fach mi fydden nhw'n gwrthod codi oddi wrth y bwrdd bwyd heb gael pwdin o ryw fath – iogwrt neu ffrwyth gan amla. Doedd yr un ohonyn nhw'n hoff o bwdin Dolig. Mae pwdin Dolig, ac amryw o bwdinau eraill a gynigir adeg Dolig, yn fwy at ddant oedolion na phlant. Felly, be' am y syniad bach syml yma ar gyfer y plantos? Mi fedran nhw hyd yn oed helpu i'w gwneud nhw, hynny yw, os dach chi ddim yn meindio wynebau a dwylo yn siocled i gyd! Gallwch lenwi'r cwpanau bach efo hufen iâ, iogwrt, ffrwythau a hufen, *mousse* siocled, neu gyfuniad o bopeth!

I wneud 8 cwpan siocled

Cynhwysion

200g siocled o'ch dewis

casys bach papur

Dull

- Torrwch y siocled yn ddarnau bach. Fe geith y plant hwyl fawr yn taro'r siocled yn erbyn y bwrdd i wneud hyn – tra mae o'n dal yn ei bapur, wrth gwrs!
- Rhowch y siocled i doddi mewn powlen uwchben dŵr yn ffrwtian berwi mewn sosban, neu defnyddiwch bopty microdon am gyfnodau byr ar wres cymedrol.
- Pan mae 75% o'r siocled wedi toddi, tynnwch o oddi ar yr hob a'i droi nes bod gweddill y siocled wedi toddi hefyd.
- Gan ddefnyddio llwy neu frwsh crwst (*pastry*), gorchuddiwch y tu mewn i'r casys papur efo haenen dda o siocled. Gwnewch yn siŵr eich bod yn mynd i mewn i bob plyg.
- Rhowch nhw ar blât a'u rhoi yn yr oergell i setio – am o leia hanner awr.
- Tynnwch y casys papur i ffwrdd yn ofalus, ac fe fydd ganddoch chi gwpanau bach siocled yn barod i'w llenwi efo beth bynnag a fynnoch.
- Os hoffech, gallech wneud cacennau deuliw drwy doddi 100g o siocled gwyn i roi haen denau yn gynta, gadael iddo setio, ac yna toddi 100g siocled brown a rhoi haenen arall ar ben y gwyn. Neu gallech hyd yn oed liwio'r siocled gwyn efo dropyn o liw *gel* a chael cwpanau lliwgar. Mi fyddai'n syrpréis neis i'r plant gael clywed wedyn eu bod nhw'n medru bwyta'r cwpanau hefyd!

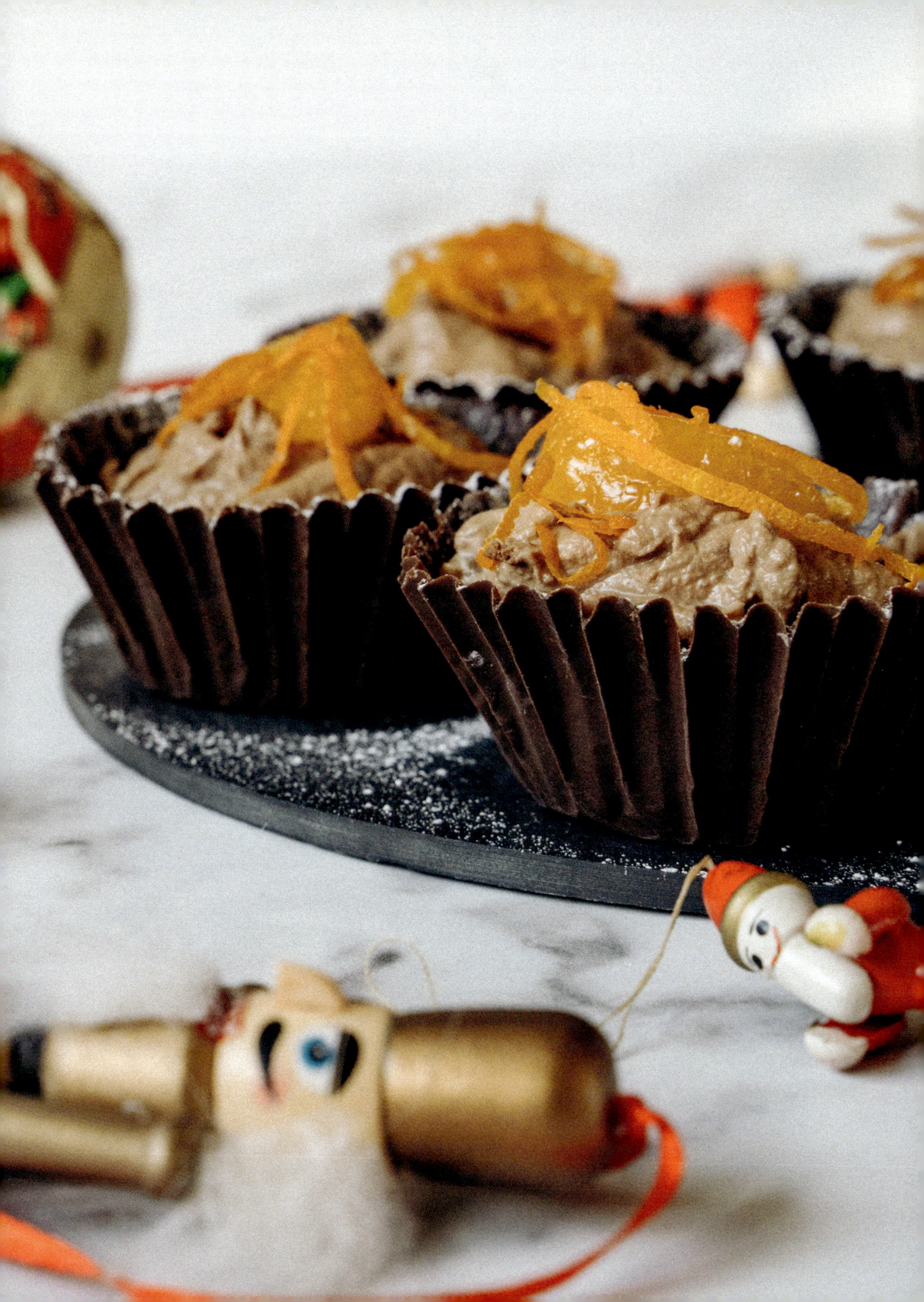

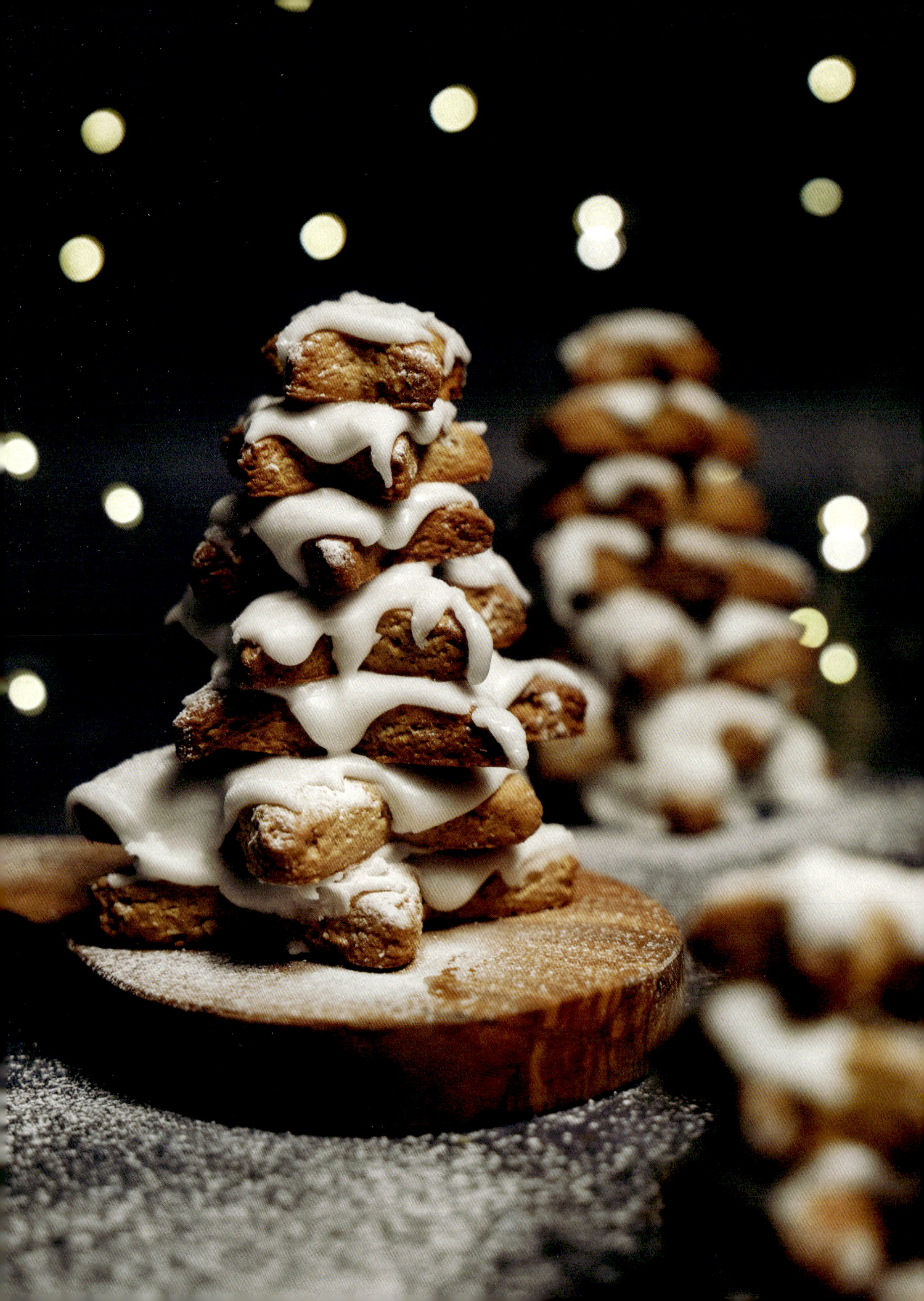

POBI

LEBKUCHEN

Dwi wrth fy modd efo marchnadoedd Dolig – mae yna rywbeth reit hudol amdanyn nhw. Lapio'n gynnes a chrwydro o stondin i stondin liwgar yn llyncu'r awyrgylch – ynghyd ag ambell wydriad o *mulled wine* neu siocled poeth, a'r holl ogleuon a'r synau'n taro'r synhwyrau o bob cyfeiriad.

Ychydig flynyddoedd yn ôl, mi ges i fynd i Munich yn yr Almaen ychydig ddyddiau cyn y Nadolig, a threulio cwpwl o ddyddiau yn crwydro o amgylch yr amrywiol farchnadoedd Nadolig sydd ar draws y ddinas i gyd. Wna i fyth anghofio sefyll yn sgwâr Marienplatz yn edrych i fyny ar y Rathaus-Glockenspiel, sef cloc anferth ar dŵr neuadd y dre. Am 11 o'r gloch y bore ac am hanner dydd mae'r cloc yn taro, a daw ffigyrau pren lliwgar allan o'r tŵr, a'r rheini yn faint pobol go iawn. I gyfeiliant cerddoriaeth, maen nhw'n dawnsio am 12–15 munud cyn diflannu yn ôl i'r tŵr a gadael torf o ymwelwyr yn gwenu.

Mi fwytais lawer gormod yn ystod y trip yna! Un o'r danteithion a flasais oedd Lebkuchen, sef rywbeth sy'n groes rhwng bisged sinsir a chacen, ac ar ôl mynd adra roedd yn rhaid trio'u gwneud. Mae gen i dorwyr bisgedi siâp sêr o wahanol feintiau ac yma dwi wedi'u defnyddio i greu coeden Nadolig. Os nad oes ganddoch chi dorrwr siâp sêr, mae'r bisgedi yr un mor flasus, beth bynnag eu siâp.

Cynhwysion

200g mêl clir
85g menyn
250g blawd plaen
100g almonau mâl
1 llwy de o bowdwr pobi
1/4 llwy de o soda pobi (*bicarbonate of soda*)
1 llwy de o sinsir
1 llwy de o sinamon
1 llwy de o sbeis cymysg
1/2 llwy de o nytmeg

I addurno

100g siwgr eisin

Dull

- Rhowch y menyn a'r mêl mewn sosban a'u toddi'n araf.
- Tynnwch oddi ar yr hob a gadael iddo oeri ychydig.
- Rhowch y cynhwysion eraill i gyd mewn powlen fawr a chymysgwch y mêl a'r menyn i mewn iddyn nhw.
- Dewch â'r cwbwl at ei gilydd i ffurfio toes.
- Lapiwch o mewn papur pobi a'i adael i oeri ryw ychydig, ond peidiwch â'i roi yn yr oergell neu mi fydd yn caledu gormod.
- Cynheswch y popty i 190°C / 170°C ffan / nwy 4.
- Rhowch bapur pobi ar ddau dun pobi.
- Taenwch ychydig o flawd ar y bwrdd ac ar eich rholbren, a rholiwch y toes i drwch o tua 1.5cm. Os ydi'r toes yn anodd i'w drin, rholiwch o rhwng 2 haen o bapur pobi.
- Torrwch yn siapiau a'u rhoi ar y tun gan adael lle rhwng pob un. Os oes ganddoch dorwyr siâp sêr o wahanol feintiau, mi fedrwch greu coeden, fel yn y llun ar y dudalen flaenorol.

- Pobwch am tua 15 munud nes eu bod wedi codi rhywfaint a chaledu. Cadwch lygad arnyn nhw rhag iddyn nhw losgi, a chofiwch – os oes ganddoch chi rai o wahanol feintiau, fe fydd y rhai bach yn coginio'n gyflymach.
- Gadewch iddyn nhw oeri cyn eu symud.
- Gwnewch yr eisin efo dŵr gan ofalu ychwanegu ychydig o ddŵr ar y tro i gael y trwch cywir.
- Taenwch yr eisin dros y bisgedi.

POBOL SINSIR

Dwi'n credu'n gryf mewn gadael i blant helpu yn y gegin cyn gynted ag y byddan nhw'n ddigon hen i fedru gwneud hynny. Mae fy mhedwar i i gyd yn gogyddion 'tebol sy'n coginio 'o scratch' fel maen nhw'n dweud, a dwi'n credu fod y ffaith eu bod wedi dechrau'n ifanc wedi helpu hynny. Yn wir, mae un o fy meibion wedi mynd â'i hoffter o goginio ymhellach ac mae o bellach yn chef sydd wedi agor ei gaffi/bwyty ei hun yng Nghaernarfon.

Dyma i chi fisgedi bach bach fydd yn hwyl i'w gwneud efo plant o unrhyw oed.

Cynhwysion

75g menyn
100 siwgr brown tywyll
100g surop melyn
225g blawd plaen
2 lwy de o sbeis cymysg
1 llwy de o soda pobi (*bicarbonate of soda*)
tiwbiau eisin o wahanol liwiau i addurno

Dull

- Cynheswch y popty i 190°C / 170°C ffan / nwy 5.
- Irwch 2 dun pobi.
- Toddwch y menyn, y siwgr a'r surop dros wres isel mewn sosban.
- Gadewch iddo oeri am tua 5 munud.
- Mewn powlen fawr cymysgwch y blawd, y sbeisys a'r soda pobi.
- Tywalltwch y gymysgedd menyn i'r bowlen a defnyddiwch eich dwylo i ddod â fo at ei gilydd i ffurfio toes.
- Taenwch ychydig o flawd ar y bwrdd a rholiwch y toes yn drwch o tua 3mm.
- Torrwch yn siapiau gan ddefnyddio torrwr siâp pobol.
- Yn ofalus, gosodwch nhw ar y tuniau, gan adael ychydig o le rhwng pob un.
- Pobwch am tua 10 munud.
- Addurnwch efo eisin, un ai wedi'i wneud â dŵr a siwgr mân neu wedi'i brynu mewn tiwbiau bach lliwgar.

STOLLEN

Un arall o ddanteithion Nadoligaidd yr Almaen ydi'r bara melys yma sy'n cael ei bobi yno ers canrifoedd, er bod y rysáit wedi newid rywfaint dros y blynyddoedd. Mae dinas Dresden yn dathlu'r stollen ychydig cyn y Nadolig bob blwyddyn mewn gŵyl arbennig o'r enw Stollenfest. Bydd stollen anferth yn cael ei choginio a'i chario mewn cerbyd agored drwy'r strydoedd i'r farchnad Nadolig, lle cynhelir seremoni arbennig i'w thorri'n ddarnau bach. Mi fydd y darnau wedyn yn cael eu gwerthu i'r cyhoedd, gyda'r arian yn mynd i wahanol elusennau. Yn ôl y sôn, mae'r marsipán wedi'i lapio yn y bara yn cynrychioli'r baban Iesu wedi'i lapio mewn cadachau yn y preseb.

Cynhwysion

275g blawd bara gwyn

7g burum cyflym (*fast action dried yeast*)

140ml llefrith cyflawn

50g menyn wedi'i dorri'n sgwariau bach

pinsiad da o halen

35g siwgr mân

1/2 llwy de o sbeis cymysg

1/2 llwy de o nytmeg

35g almonau (*flaked almonds*)

1 oren

30g llugaeron sych (*dried cranberries*)

25g bricyll (*apricots*) sych wedi'u malu'n fân

35g cyrens

25g candi pîl (*mixed candied peel*)

175g marsipán

I addurno

10g menyn

siwgr eisin

Dull

- Mewn powlen fach cymysgwch y ffrwythau efo sudd yr oren a'i groen, wedi'i gratio'n fân, a'i rhoi o'r neilltu er mwyn i'r ffrwythau amsugno'r sudd.
- Cynheswch y llefrith, ond peidiwch â gadael iddo ferwi. Tynnwch oddi ar yr hob a thoddi'r menyn ynddo.
- Cymysgwch y burum, y blawd, y siwgr, halen a'r sbeis mewn powlen fawr neu mewn powlen cymysgydd trydan.
- Tywalltwch y llefrith (gan wneud yn siŵr fod ei dymheredd yn llugoer) i mewn i'r cynhwysion sych a'i dylino ar fwrdd, efo ychydig o flawd arno, am tua 8 munud, neu rhowch mewn cymysgydd efo bachwr toes am tua 5 munud.
- Gadewch yn y bowlen gyda chadach tamp drosto mewn lle cynnes nes bydd wedi dyblu yn ei faint – tua awr a hanner, yn dibynnu ar dymheredd eich cegin.
- Taenwch ychydig o flawd ar y bwrdd a rhoi'r toes arno.
- Rhowch y ffrwythau a'r candi pîl yn ei ganol a'i dylino am ychydig funudau nes bod y ffrwythau yn gymysg â'r toes.
- Rholiwch y toes yn siâp hirsgwar tua 20cm × 25cm.
- Rholiwch y marsipán yn siâp sosej hir, yr un hyd â'r toes, a'i roi yng nghanol y toes.
- Dewch ag ochr hir y toes dros y marsipán a'i guddio.
- Dewch â'r ochr arall drosodd, a'i osod ychydig i'r dde o ymyl y *stollen*, h.y. peidiwch â'i blygu reit drosodd.
- Gydag ochr eich llaw, pwyswch i lawr hyd ochr dde y marsipán – yr holl ffordd ar hyd y *stollen* – i roi'r siâp traddodiadol iddo.
- Tynnwch unrhyw ffrwythau sy'n dod allan o'r toes neu mi fyddan nhw'n llosgi wrth gael eu coginio.
- Brwsiwch ychydig o olew dros ddarn mawr o *cling film* a'i roi dros y *stollen*.
- Gadewch mewn lle cynnes am tua awr nes ei fod wedi chwyddo cryn dipyn.
- Pobwch ar 180°C / 160°C ffan / nwy 4 am tua 30 munud nes ei fod wedi crasu.
- Tra mae'r *stollen* yn dal yn boeth, toddwch y menyn a'i frwsio dros y *stollen* i gyd.
- Taenwch haen drwchus o siwgr eisin drosto.

BONCYFF SIOCLED EFO EISIN CAWS MEDDAL

Pan dwi'n meddwl am foncyff Nadoligaidd, dwi'n meddwl am yr addurn yn fwy na'r deisen. Roeddwn i wrth fy modd yn gwneud addurniadau Dolig pan oeddwn i yn yr ysgol gynradd. Mi fedra i eu cofio nhw o hyd, yn bennaf am fod Mam wedi'u cadw nhw ac yn dod â nhw allan bob Dolig am flynyddoedd: dyn eira allan o toilet roll un flwyddyn; Siôn Corn allan o botel Fairy Liquid (poteli crwn oeddan nhw erstalwm) flwyddyn arall; a chlychau i'r goeden allan o focsys wyau a phapur ffoil. Un flwyddyn fe wnes i foncyff Nadoligaidd efo boncyff go iawn wedi'i lapio mewn tinsel, a channwyll wedi'i rhoi'n sownd ynddo efo lwmpyn o lud a gafwyd o'r ffatri leol. Mi fedra i glywed ogla cryf y glud rŵan. Dwi'n amau'n fawr y basan nhw'n gadael i blant ddefnyddio'r fath lud heddiw! Roedd y boncyff yn dod allan bob Dolig am dros chwarter canrif – y gannwyll wedi hen ddisgyn i ffwrdd a dau bicsi bach wedi'u rhoi yn ei lle.

Cynhwysion

3 wy
85g siwgr brown meddal
70g blawd codi
15g powdwr coco

I lenwi

jam ceirios du, marmalêd neu unrhyw jam o'ch dewis chi

Eisin

225g siocled
280g caws meddal
180g siwgr eisin

Dull

- Cynheswch y popty i 200°C / 180°C ffan / nwy 6.
- Irwch a leiniwch dun Swisrôl 32 × 23cm.
- Chwisgiwch yr wyau a'r siwgr nes eu bod wedi goleuo o ran lliw a dyblu o ran maint.
- Hidlwch y blawd a'r coco i mewn i'r gymysgedd.
- Cymysgwch y cyfan efo llwy fetel, yn ofalus rhag colli'r aer.
- Taenwch y gymysgedd dros y tun parod a'i choginio am 10 munud.
- Rhowch ddarn o bapur pobi, yr un maint â'r tun, ar fwrdd a throi'r gacen allan arno.
- Tynnwch y darn arall o bapur oddi ar y gacen yn ofalus.
- Codwch y darn o bapur sydd dan y gacen a'i ddefnyddio i'ch helpu i rolio'r gacen. (Ewch â'r papur oddi wrthych ac mi fydd y gacen yn rholio.)
- Gadewch hi yn y papur i oeri.

- Dadroliwch y gacen a'i llenwi efo'r jam, neu beth bynnag ydach chi'n ei ddefnyddio.
- Rholiwch hi unwaith eto.
- Torrwch y siocled yn fân drwy ei waldio yn erbyn y bwrdd – cyn i chi ei dynnu o'i bapur! Rhowch y darnau siocled mewn powlen.
- Rhowch y bowlen uwchben sosbannaid o ddŵr berw i doddi'r siocled neu toddwch o mewn microdon. Tynnwch oddi ar yr hob pan fydd tua 75% o'r siocled wedi toddi a gadael i'r gweddill doddi yn ei wres ei hun.
- Rhowch y caws a'r siwgr eisin yn y siocled a'u curo'n dda.
- Taenwch yr eisin dros y boncyff gan weithio'n sydyn, achos mae'r eisin yma'n caledu'n gyflym.
- Tynnwch fforc drwy'r eisin i greu effaith boncyff ac addurno fel y mynnoch.

CACEN SIOCLED *BUNDT* EFO BLAWD GWENITH YR HYDD (BUCKWHEAT)

Nid pawb sy'n hoff o gacen Dolig ac nid pawb sy'n cael bwyta pob cacen. Dydi Andrew, fy mhartner, ddim yn gallu dioddef glwten, ac mae yna siom ar ei wyneb yn aml pan dwi'n dweud, 'Chei di ddim darn o hon, sorri!' Dyma i chi gacen sydd yn saff iddo'i bwyta ac sydd hefyd yn edrych yn ddigon sbesial i gael ei chyfri fel cacen ar gyfer Dolig. Mae'r broses o'i gwneud ychydig yn fwy cymhleth na'r gacen sbwng arferol. Ond mae'n werth y drafferth i'w chael i godi'n dda. Os nad oes ganddoch chi dun Bundt, mi fedrwch wneud hon fel cacen sandwich gan ddefnyddio dau dun. Jest rhowch y ganache fel llenwad iddi.

Cynhwysion

250g blawd yr hydd (*buckwheat*)

50g powdwr coco

2 1/2 llwy de o bowdwr pobi

4 wy mawr, ar dymheredd ystafell

300g siwgr brown meddal

115g menyn

250ml llefrith braster llawn

3 llwy de o Camp Coffee Essence

I wneud y *ganache* siocled

300ml hufen dwbwl

200g siocled tywyll

ceirios a chnau i addurno

Dull

- Cynheswch y popty i 180˚C / 160˚C ffan / nwy 4.
- Irwch dun *Bundt* yn dda. Mi rydw i'n defnyddio *cake release spray* pan fydda i'n defnyddio tun *Bundt*.
- Cymysgwch y blawd, y powdwr coco a'r powdwr pobi mewn powlen fawr. Rhowch y gymysgedd o'r neilltu.
- Curwch yr wyau am 30 eiliad mewn cymysgydd ac atodyn chwisg arno.
- Gyda'r curwr yn dal i fynd, arllwyswch y siwgr i mewn i'r cymysgydd.
- Yna daliwch i guro am tua 5 munud, neu nes bod y gymysgedd wyau wedi treblu mewn maint.
- Tra mae'r wy yn curo, rhowch y menyn a'r llefrith mewn jwg mewn microdon am 2 funud i doddi'r menyn (neu defnyddiwch y stof). Peidiwch â gadael i'r llefrith ferwi. Peidiwch â gwneud hyn ymlaen llaw a gadael i'r llefrith oeri neu bydd hyn yn effeithio ar ysgafnder y gacen.
- Pan fydd yr wy wedi'i chwisgio, ychwanegwch 1/3 o'r blawd a'i guro ar gyflymder isel am 5 eiliad. Ychwanegwch hanner y blawd sy'n weddill, yna cymysgwch am 5 eiliad. Ychwanegwch y blawd sy'n weddill, yna cymysgwch am 5–10 eiliad nes bydd y blawd wedi'i gymysgu i gyd. Unwaith mae'r blawd wedi diflannu, stopiwch yn syth.
- Arllwyswch y llefrith/menyn a'r coffi i'r bowlen flawd wag. Ychwanegwch tua 2 lwy fawr o'r cytew (*batter*) wy i'r llefrith / menyn. Cymysgwch â llwy bren nes ei fod yn llyfn.
- Trowch y cymysgydd yn ôl ar gyflymder isel, yna arllwyswch y gymysgedd llefrith i'r cytew wyau dros ychydig eiliadau, gan geisio cadw cymaint o'r aer â phosib yn y gymysgedd.
- Arllwyswch y cytew i'r tun.
- Bydd angen taro'r tun cacen ar y bwrdd 3 gwaith i gael gwared o swigod.
- Pobwch am 25–30 munud neu nes bod sgiwer, o'i osod yn y canol, yn dod allan yn lân.
- Tynnwch o'r popty. Gadewch y gacen yn y tun am o leia 15 munud cyn ei throi allan yn ofalus.
- I wneud y *ganache*, torrwch y siocled yn ddarnau a'u rhoi mewn powlen fawr.
- Rhowch yr hufen mewn sosban a'i godi i'r berw ar wres cymedrol. Unwaith y mae'n dechrau berwi, tywalltwch o dros y siocled.
- Chwisgiwch nes ei fod yn sgleiniog ac llyfn.
- Tywalltwch dros y gacen.
- Addurnwch â cheirios a chnau.

MINS PEIS

Fe anwyd fy merch, Leri, wythnos yn union cyn y Nadolig – ddim yr adeg ddelfrydol i gael babi, yn enwedig a ninnau eisoes efo dau o blant bach! Chysgodd hi braidd ddim ar ei noswyl Nadolig gyntaf, gan sgrechian crio y rhan fwya o'r nos, a setlo yn y diwedd am hanner awr wedi pedwar y bore. Awr a hanner wedi hynny fe ddeffrodd ei brodyr yn llawn cynnwrf, gan fod Siôn Corn wedi cyrraedd. Gan mod i ar y pryd yn meddwl mod i'n rhyw fath o superwoman, roeddwn i'n benderfynol o gario ymlaen fel arfer a gwneud cinio Nadolig efo'r holl drimins. Erbyn i'r fydwraig alw, toc cyn cinio, roeddwn i bron â syrthio i gysgu wrth droi'r grefi, a doedd dagrau ddim ymhell. Ceisiodd y fydwraig ddyfalu beth oedd wedi achosi i Leri grio cymaint, a gofynnodd i mi oeddwn i wedi bwyta rhywbeth fyddai wedi gallu effeithio ar fy llefrith. Gan mod i wedi fy hyfforddi i fod yn gwnselydd bwydo o'r fron, roeddwn i'n ymwybodol fod rhai bwydydd yn medru effeithio ar lefrith mam gan greu colic i'r babi, ac fe atebais, 'Naddo', yn sicr. 'Wyt ti'n siŵr?' gofynnodd y fydwraig. 'Dim mins pei na dim tebyg?' A dyna pryd y cofiais fod Rhian, fy ffrind, wedi galw draw y diwrnod cynt efo llond tun o fins peis cartre, ac roeddwn i wedi bwyta tair ohonyn nhw! Leri druan, does dim rhyfedd ei bod hi wedi crio drwy'r nos!

Dyma i chi rysáit hawdd iawn. Tydw i ddim yn dda iawn am wneud pastry – dwylo rhy gynnes, mae'n debyg, felly dwi'n defnyddio prosesydd. Tydi'r rysáit yma erioed wedi fy siomi. Os nad oes ganddoch brosesydd, rhwbiwch y menyn i'r blawd gyda blaenau'ch bysedd. Mi fyddwch angen tun i wneud peis bach.

Cynhwysion

I wneud dwsin o fins peis

250g (ychydig dros hanner jar) briwfwyd melys (*mincemeat*) o siop neu gweler tudalen 158

6 owns blawd plaen

3 owns menyn wedi'i dorri'n ddarnau

pinsiad o halen

croen un oren wedi'i gratio

1 wy wedi'i guro a'i gymysgu efo 3 llond llwy fwrdd o ddŵr

Dull

- Rhowch y blawd, halen, a'r croen oren yn y prosesydd a'i roi ymlaen nes bod y menyn wedi'i falu i mewn i'r blawd, ac yn edrych fel briwsion.

- Ychwanegwch yr wy a'r dŵr, a gan ddefnyddio'r botwm *pulse* dewch â'r gymysgedd at ei gilydd nes ei bod bron wedi ffurfio'n belen.

- Rhowch ddarn mawr o *cling film* ar y bwrdd a thywallt y toes arno.

- Dewch â fo at ei gilydd efo'ch dwylo, gan ei drin cyn lleied â phosib.

- Lapiwch y toes yn y *cling film* a'i roi yn yr oergell am 20 munud.

- Cynheswch y popty i 200°C / 180°C ffan / nwy 5.

- Rhowch haenen o flawd ar y bwrdd a rholio'r toes yn denau.

- Torrwch gylchoedd, y maint cywir i ffitio eich tun, gan ddefnyddio torrwr neu waelod gwydryn, a rhowch gylch ym mhob twll a'u gwasgu i lawr.
- Llenwch pob pei efo'r briwfwyd melys, gan ofalu nad ydych yn eu gorlenwi neu mi fydd peryg iddo ferwi drosodd a glynu wrth y tun.
- Rholiwch weddill y toes a thorri siâp sêr, celyn neu gylchoedd llai i'w rhoi ar ben pob pei.
- Gwlychwch y rhan o'r siapiau fydd yn cyffwrdd toes y peis, a'u gosod ar ben bob pei.
- Gallwch frwsio pob 'caead' efo wy wedi'i guro neu lefrith, os mynnwch, i roi sglein ar y peis. Ond os ydych am eu gorchuddio efo siwgr eisin, does dim rhaid.
- Pobwch am 12–15 munud.
- Gadewch iddyn nhw oeri yn y tun am ychydig funudau nes eu bod wedi dechrau caledu, cyn eu tynnu allan yn ofalus. Os oes rhywfaint o'r briwfwyd melys wedi berwi drosodd ac yn cyffwrdd y tun, tynnwch nhw allan cyn iddo oeri a setio neu bydd peryg i'r peis dorri wrth i chi eu tynnu o'r tun.
- Taenwch haenen o siwgr eisin drwy ridyll dros y peis.
- Triwch beidio â bwyta tair ar unwaith!

I wneud mins peis efo toes siocled, dilynwch yr uchod ond, wrth wneud y toes, yn hytrach na 6 owns o flawd defnyddiwch 5 owns o flawd ac 1 owns o bowdwr coco.

MINS PEIS EFO HAEN O GRYMBL

Dyma i chi un syniad bach arall am fins peis ychydig yn wahanol.

I wneud dwsin

Cynhwysion

I wneud y toes

4 owns blawd plaen

1 1/2 owns menyn

1 1/2 owns lard

ychydig o ddŵr oer iawn

hanner jar o friwfwyd melys (*mincemeat*)

Crymbl

3 owns blawd

2 owns menyn

2 owns cnau wedi'u malu'n fân (ond ddim yn llwch)

2 owns siwgr demerara

Dull

- Rhowch y blawd a'r halen mewn powlen fawr. Torrwch y lard a'r menyn iddo cyn rhwbio'r braster i'r blawd gyda blaenau eich bysedd (Neu defnyddiwch brosesydd).
- Ychwanegwch ddigon o ddŵr oer i ddod â'r cyfan at ei gilydd i ffurfio toes. Triwch beidio â thrin y toes yn ormodol.
- Lapiwch o mewn *cling film* a'i roi yn yr oergell am 20 munud.
- I wneud y crymbl, rhowch y 3 owns o flawd a'r 2 owns o fenyn mewn powlen a rhwbiwch y menyn i'r blawd, fel y gwnaethoch gyda'r toes. Ychwanegwch y cnau a'r siwgr demerara.
- Cyneswch y popty i 200°C / 180°C ffan / nwy 5.
- Rhowch haen o flawd ar y bwrdd a rholio'r toes yn denau.
- Torrwch gylchoedd, y maint cywir i ffitio'ch tun, gan ddefnyddio torrwr neu waelod gwydryn, a rhowch gylch ym mhob twll.
- Rhowch lond llwy de o friwfwyd melys ym mhob pei.
- Rhowch rywfaint o'r gymysgedd crymbl ar ben y briwfwyd melys i'w orchuddio'n llwyr.
- Pobwch am 12–15 munud nes bod y crymbl wedi crasu a'r toes yn barod.

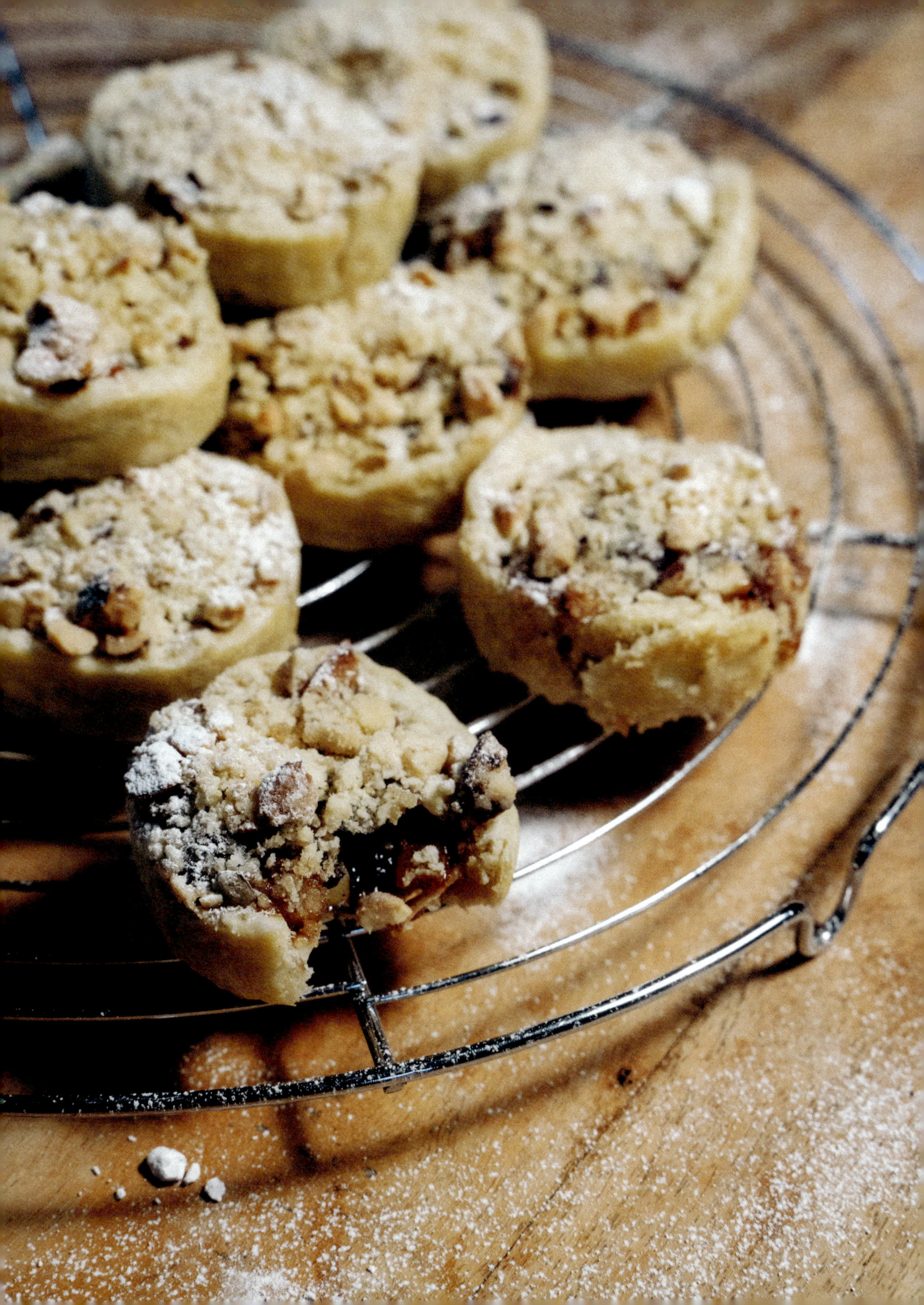

CACEN DOLIG

Hwn ydi fy ail lyfr coginio. Casa Cadwaladr oedd enw'r llall ac ynddo mae rysáit am gacen Dolig – hon! Maddeuwch i mi am ailddefnyddio'r rysáit, ond hon ydi'r gacen dwi'n ei gwneud bob blwyddyn, a fedrwn i ddim ei gadael allan o'r llyfr yma. Mi fydda i'n ei gwneud hi o leia chwech wythnos cyn Dolig, a'i bwydo'n gyson efo alcohol.

Cynhwysion

1kg o ffrwythau sych cymysg o'ch dewis, e.e. syltanas, resins, cyrens, llugaeron (*cranberries*), ceirios, candi pîl (*candied peel*). Mae'r rhain yn amrywio gen i bob blwyddyn.

1 oren mawr, a'i groen wedi'i gratio

150ml o wirod – brandi, whisgi, rym neu amareto (mae hwn yn newid gen i bob blwyddyn hefyd)

250g menyn wedi'i feddalu

200g siwgr brown tywyll

200g blawd plaen

1/2 llwy de o bowdwr pobi

100g almonau mân (*flaked almonds*)

2 lwy de o bowdwr sbeis cymysg

1/4 llwy de o bowdwr clofs

4 wy

mwy o frandi (neu alcohol arall i fwydo'r gacen)

I addurno

2 lond llwy fawr o jam bricyll (*apricot*)

400g marsipán (gallwch gael peth wedi'i rolio'n barod)

Un ai 450g o eisin ffondant wedi'i rolio'n barod neu flocyn o eisin ffondant – neu gwnewch eisin brenhinol (*royal icing*)

Addurniadau o'ch dewis

Dull

- Rhowch y ffrwythau sych, croen a sudd 1 oren a'r brandi (neu alcohol arall) mewn powlen i fwydo dros nos.
- Y diwrnod wedyn, cynheswch y popty i 150˚C / 130˚C ffan / nwy 2.
- Leiniwch dun cacen 20cm o ddyfnder â haen ddwbwl o bapur pobi, yna lapiwch haen ddwbwl o bapur pobi o amgylch y tu allan. Gofalwch ei fod yn uwch na'r tun o ryw 6cm rhag i'r deisen grasu gormod. Clymwch â llinyn i'w gadw yn ei le.
- Curwch y menyn a'r siwgr brown yn dda.
- Ychwanegwch yr wyau, fesul un, gan eu curo'n dda.
- Ychwanegwch y ffrwythau a'u cymysgu'n dda.
- Ychwanegwch y blawd, y powdwr pobi, y cnau a'r sbeisys, a'u troi i'r gymysgedd.
- Rhowch y gymysgedd yn y tun pobi.
- Taenwch sbatwla dros y deisen i'w lefelu, ac yna gwnewch bant bach yn y canol (rhag i'r deisen gromennu).
- Pobwch am ryw ddwy awr i ddwy awr a hanner, yn dibynnu ar eich popty. I weld ydi hi'n barod, rhowch eich clust yn agos ati (gwyliwch rhag ichi losgi!). Os oes sŵn hisian, mae hi angen mwy o amser coginio.
- Tynnwch y gacen o'r popty, prociwch dyllau ynddi â sgiwer a rhoi 2 lond llwy fawr o alcohol o'ch dewis chi drosti.
- Gadewch i'r gacen oeri'n llwyr yn y tun.
- Wedi iddi oeri, tynnwch y papur pobi a lapio'r gacen yn dda mewn mwy o bapur pobi a'i rhoi mewn tun teisen.
- Tynnwch hi allan a'i bwydo efo mwy o alcohol unwaith yr wythnos.
- O leiaf wythnos cyn y Nadolig, tynnwch y deisen o'r tun a'i dadlapio.
- Rhowch y jam bricyll mewn sosban i doddi gyda llwyaid fawr o ddŵr.
- Gwthiwch o drwy ridyll i gael gwared o unrhyw lympiau.
- Gadewch i'r jam oeri fymryn ac yna'i frwsio dros y gacen – mi fydd yn gweithio fel glud i ddal y marsipán yn ei le.
- Rhowch y marsipán dros y deisen a'i dorri i ffitio. Gadewch i'r marsipán sychu am ddeuddydd neu dri cyn rhoi eisin drosto.
- Addurnwch fel y mynnoch.

CACEN DUNDEE EFO BRIWFWYD MELYS
(MINCEMEAT)

Mae'n debyg fod cacen Dundee, y gacen ffrwythau draddodiadol wedi'i haddurno efo cylchoedd o almonau a gysylltir â'r ddinas yn yr Alban, yn bodoli ers dyddiau Mari, Brenhines y Sgotiaid. Os ewch chi i chwilio am rysáit ar y we, fe welwch fod nifer o rai gwahanol i'w cael. Mae'n gacen sy'n hawdd i'w haddasu at eich dant ac i gyd-fynd efo'r hyn sydd ganddoch chi yn y tŷ. Mi wnes i hon fel rhyw fath o arbrawf i ddefnyddio hanner jar o friwfwyd melys (mincemeat) oedd gen i yng nghefn y cwpwrdd. Yn wahanol i deisen Dolig, does dim rhaid i chi fwydo eich ffrwythau, na'r gacen, mewn alcohol, felly mi fedrwch chi ei gwneud funud ola. Neith hi ddim cadw cyhyd â theisen Dolig, ond mae hi mor flasus fel ei bod yn debygol o ddiflannu yn reit handi beth bynnag!

Cynhwysion

150g menyn wedi'i feddalu ychydig

225g briwfwyd melys

125g siwgr brown meddal

225g blawd codi wedi'i hidlo

100g candi pîl (*mixed candied peel*)

croen a sudd 1 oren

2 wy wedi'u curo

pecyn 100g o almonau cyfan heb eu croen (*blanched almonds*) i addurno

Dull

- Cynheswch y popty i 160°C / 140°C ffan / nwy 2.
- Irwch dun teisen dwfn, 18cm o faint.
- Rhowch bopeth heblaw'r almonau mewn powlen fawr a'u cymysgu'n dda efo llwy bren â digon o fôn braich, neu eu rhoi mewn peiriant cymysgu. Gwyliwch rhag gorgymysgu.
- Tywalltwch y gymysgedd i'r tun.
- Rhowch yr almonau yn gylchoedd ar dop y gacen gan ddechrau efo'r cylch allanol. Gosodwch nhw'n ysgafn neu mi fyddan nhw wedi suddo i'r gacen.
- Pobwch am tua awr a hanner nes bod oglau cacen yn llenwi'r gegin a sgiwer, o'i roi yn ei chanol, yn dod allan yn lân. Rhowch ddarn o bapur pobi ar ben y gacen ar ôl rhyw awr rhag iddi grasu gormod.
- Gadewch iddi oeri cyn ei thynnu allan o'r tun.

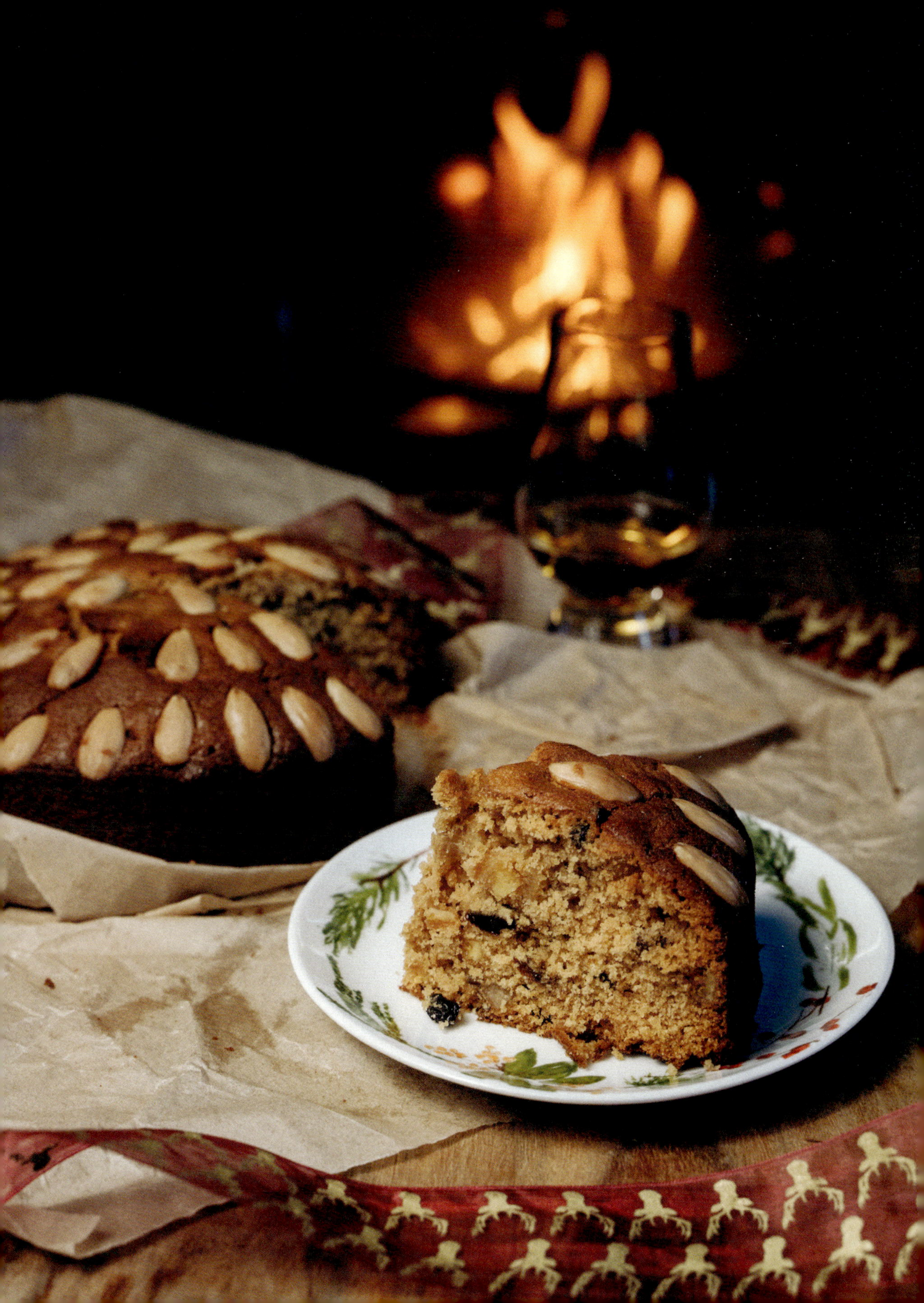

TORTH FANANA, ALMONAU A CHNAU FFRENGIG

Ar ddechrau cyfnod clo Covid-19 yn 2020, fe ddaeth coginio torth fanana yn dipyn o ffasiwn am gyfnod, tra oedd pawb yn sownd yn y tŷ ac yn chwilio am rywbeth i'w wneud. Dyma i chi rysáit am un sydd ychydig yn wahanol, un ddiglwten. Mi fedrwch hepgor yr haen o eisin surop masarn, os mynnwch, ond wir, mae'n gweithio'n hyfryd efo'r blas banana.

Cynhwysion

2 fanana aeddfed

200g siwgr brown mân

220g almonau mâl (*ground almonds*)

6 wy wedi'u curo

1 llwy de o bowdwr pobi

80g cnau Ffrengig wedi'u torri'n ddarnau

Eisin

80g menyn

160g siwgr eisin

2 lond llwy fwrdd o surop masarn (*maple syrup*)

ychydig mwy o gnau Ffrengig i addurno

Dull

- Cynheswch y popty i 180°C / 160°C ffan / nwy 4.
- Irwch a leiniwch tun torth (mae casys papur yn handi iawn; does dim rhaid iro efo'r rheini).
- Stwnsiwch y bananas a'r siwgr mewn powlen fawr, efo fforc i ddechrau ac yna efo llwy.
- Ychwanegwch yr wyau a'u cymysgu'n dda.
- Ychwanegwch yr almonau, y cnau Ffrengig a'r powdwr pobi a'u cymysgu'n drwyadl ond yn ysgafn.
- Tywalltwch y gymysgedd i'r tun a choginio'r gacen am tua 45–60 munud nes bod sgiwer, o'i roi yn ei chanol, yn dod allan yn lân.
- Rhowch ddarn o ffoil ar ben y gacen os ydi hi dechrau crasu'n rhy fuan.
- Gadewch i'r gacen oeri yn y tun cyn ei throi allan.

I wneud yr eisin

- Meddalwch y menyn ychydig yn y microdon.
- Ychwanegwch y siwgr eisin a'r surop.
- Taenwch yr eisin ar ben y gacen a'i haddurno efo'r cnau.

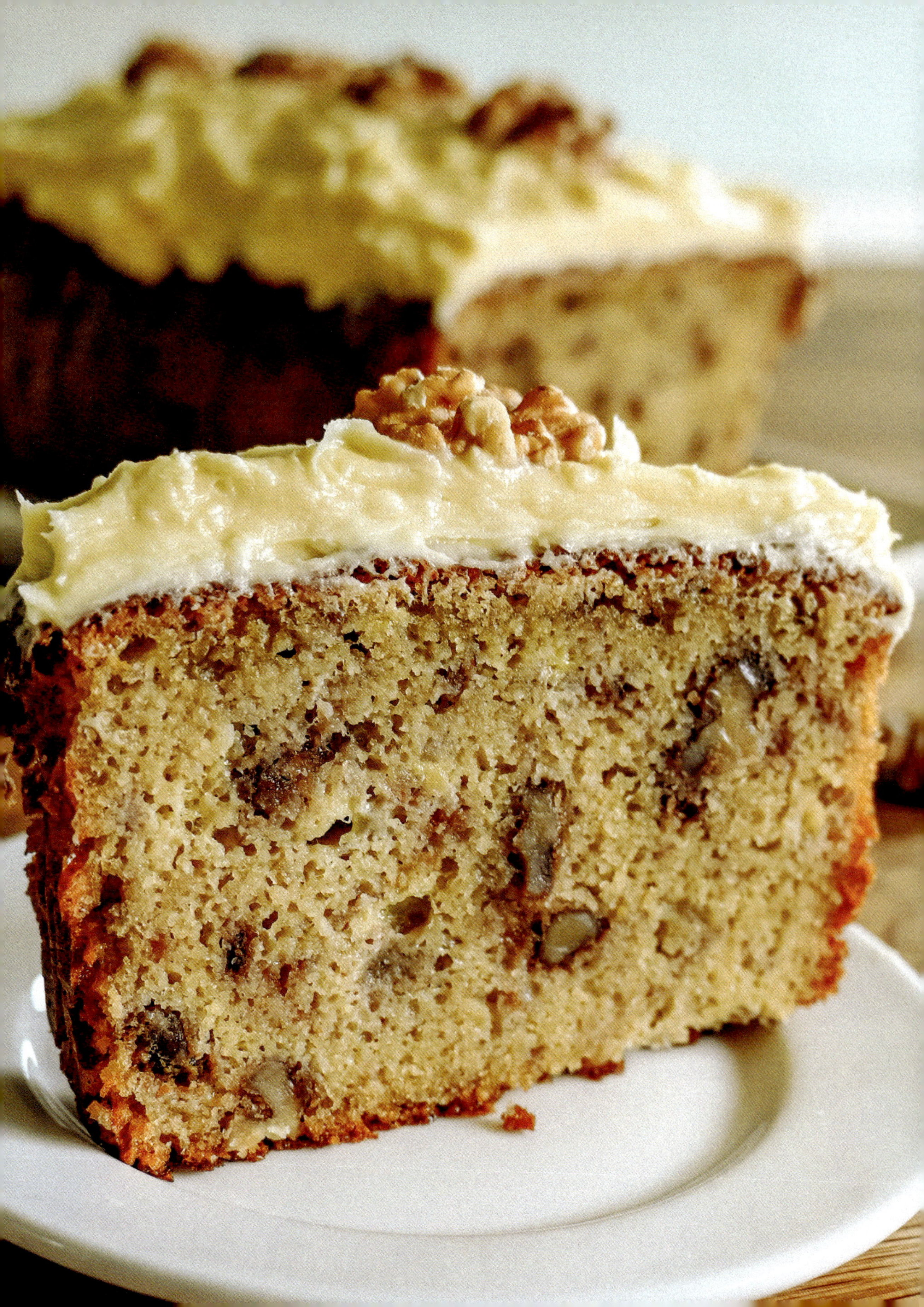

CACEN SINSIR

Mae yna lawer o wahanol fathau o flawd i'w cael yn yr archfarchnadoedd y dyddiau yma, ac un ohonynt ydi blawd gwenith yr Almaen (spelt). Mae hwn yn fath hynafol o wenith oedd yn cael ei ddefnyddio yn oes y Rhufeiniaid, ac mae amryw yn ei gael yn haws ei dreulio na blawd gwenith cyffredin. Dwi'n meddwl ei fod yn gweddu i'r gacen sinsir yma. Mae'n cynnwys jam sinsir a sinsir grisialog, yn ogystal â sbeis sinsir, sy'n rhoi cic cynnes iddi ac yn helpu i'w chadw rhag bod yn rhy sych.

Cynhwysion

- 4 owns blawd gwenith yr Almaen (*spelt*) gwyn
- 4 owns blawd gwenith yr Almaen cyflawn
- 1 llwy de o bowdwr pobi
- 2 lwy de o bowdwr sinsir
- 4 owns siwgr brown tywyll meddal
- 4 owns menyn wedi'i dorri'n sgwariau bach
- 4 owns triog du
- 5 owns jam sinsir (*ginger preserve*)
- 125ml llefrith
- 1 wy mawr
- 2 owns sinsir grisialog (*crystalized ginger*) wedi'i falu'n fân

Dull

- Cynheswch y popty i 160°C / 140°C / nwy 2.
- Irwch dun torth neu defnyddiwch gasyn papur pwrpasol.
- Rhowch y blawd, y sinsir a'r powdwr pobi mewn powlen fawr.
- Rhowch y menyn, y triog, y jam a'r siwgr mewn sosban fach ar wres isel a'u cymysgu nes bydd y menyn wedi toddi.
- Curwch yr wy mewn jwg ac ychwanegu'r llefrith.
- Tywalltwch gynnwys y sosban i'r blawd a'u cymysgu'n dda.
- Ychwanegwch y llefrith a'r wy, yna'r darnau sinsir grisialog, a'u cymysgu'n drwyadl.
- Rhowch y gymysgedd yn y tun.
- Pobwch am tua 45 munud nes bod sgiwer o'i roi yng nghanol y gacen yn dod allan yn sych.
- Gadewch i'r gacen oeri yn y tun cyn ei throi allan.

CACENNAU CRI AFALAU

Mae cacennau cri / pice ar y maen / Welsh cakes yn enwog yng Nghymru a thu hwnt. Roeddan nhw'n arfer cael eu coginio'n sydyn ar radell ar dân agored, neu'r range – fel sawl cacen arall, yn ogystal â chrempogau amrywiol. Mae'r rysáit yma'n defnyddio darnau bach o afalau yn lle ffrwythau sych. Mi fyddai pecyn ohonyn nhw'n gweddu'n dda mewn hamper o fwydydd fel anrheg Nadolig.

Cynhwysion

8 owns blawd codi

1 llwy de o sinamon

4 owns menyn

3 owns siwgr

pinsiad o halen

1 wy wedi'i guro

ychydig o lefrith os oes angen

hanner pwys o afalau coginio wedi'u torri'n fân

Dull

- Rhwbiwch y menyn i mewn i'r blawd a'r sinamon mewn powlen fawr.
- Ychwanegwch y siwgr a'r afalau, a'u cymysgu'n dda.
- Ychwanegwch yr wy fesul chydig i ddod â'r cyfan at ei gilydd i ffurfio toes.
- Ychwanegwch ychydig o lefrith, os oes angen, ond gwyliwch rhag i'r toes fod yn rhy wlyb.
- Rhowch flawd ar y bwrdd a rholio'r toes i drwch o ryw 1cm.
- Torrwch yn gylchoedd efo torrwr 3cm o faint, a'u crasu ar y ddwy ochr ar radell / ar faen neu badell ffrio ac iddi waelod trwchus.
- Taenwch siwgr mân drostyn nhw.

BYNS MELYS SIÂP COEDEN DOLIG

Dwi'n hoff iawn o fara melys, a Chelsea buns *yn enwedig. Dyna ydi'r rhain mewn gwirionedd, ond mod i wedi'u llenwi efo briwfwyd melys (mincemeat). Maen nhw'n neisiach fyth efo menyn afalau (tudalen 163). Gosodwch nhw ar siâp coeden Dolig ac mae ganddoch chi rywbeth sbesial – jest y peth at de pnawn Nadoligaidd.*

Cynhwysion

50g menyn

275ml llefrith

450g blawd bara

7g burum sych cyflym

50g siwgr brown meddal

1 llwy de o sbeis cymysg

1 llwy de o halen

1 jar o fenyn afalau (gweler tudalen 163) neu 1 jar o friwfwyd melys (*mincemeat*). Gweler tudalen 158 os ydach chi am wneud peth eich hun

3 llwy fwrdd o jam bricyll (*apricot*)

siwgr eisin (tua 150g)

sudd 1/2 lemwn

ceirios a chnau i addurno

Dull

- Rhowch y llefrith mewn sosban fechan i gynhesu, gan ofalu nad ydi o'n berwi.

- Tynnwch y sosban oddi ar yr hob ac ychwanegu'r menyn; trowch o hyd nes bydd y menyn wedi toddi.

- Rhowch ar un ochr i oeri ychydig tra byddwch chi'n paratoi gweddill y cynhwysion.

- Cymysgwch y blawd, y sbeis cymysg, y siwgr, yr halen a'r burum mewn powlen fawr neu yn eich cymysgydd bwyd (os oes ganddoch chi un efo bachyn toes).

- Pan mae'r llefrith wedi oeri nes ei fod yn gynnes (a heb fod yn boeth), tywalltwch o i mewn i'r bowlen, a gyda'ch dwylo dewch â fo at ei gilydd i ffurfio toes.

- Un ai tylinwch â llaw am tua 10 munud neu defnyddiwch y peiriant am 5 munud, hyd nes bod y toes yn llyfn.

- Rhowch gadach sychu llestri tamp dros y bowlen a'i rhoi mewn lle cynnes nes bod y toes wedi dyblu yn ei faint – tua awr a hanner i ddwy awr.

- Rhowch haen o bapur pobi ar dun pobi mawr – o leiaf 35cm × 45cm o faint.

- Taenwch ychydig o flawd ar eich bwrdd a thylino'r toes am tua munud cyn ei rolio i faint 30cm × 40cm.

- Taenwch y briwfwyd melys, neu'r menyn afalau, dros y toes. Peidiwch â rhoi gormodedd ohono a pheidiwch â'i roi yn rhy agos i'r ochrau neu mi fydd yn cael ei wasgu allan wrth i chi rolio.

- Gan ddechrau efo un o'r ochrau hir, rholiwch y toes yn un sosej hir.

- Torrwch yn 12 darn hafal.

- Rhowch un ar dop eich tun pobi, dau oddi tano, tri yn y drydedd res a phedwar yn y bedwaredd res, ac un yn y canol ar y bumed res. Fe ddylai fod ganddoch chi siâp coeden Dolig ac un dros ben – un i chi am eich trafferth! Gofalwch fod digon o le rhwng y byns achos fe fyddan nhw'n cynyddu o ran maint.
- Brwsiwch olew dros ddarn mawr o *cling film* – digon mawr i orchuddio'r tun – a'i roi dros y byns, neu rhowch y tun mewn bag polythen mawr (*proving bag*), os oes ganddoch chi un.
- Rhowch y tun mewn lle cynnes am tua 45 munud hyd nes bydd y byns wedi codi ac yn cyffwrdd ei gilydd.
- Pobwch ar 180°C / 160°C ffan / nwy 4 am tua 15–20 munud hyd nes eu bod wedi crasu.
- Rhowch y jam bricyll drwy ridyll i mewn i sosban fechan efo cwpwl o lwyeidiau mawr o ddŵr a'i gynhesu nes bod ganddoch chi hylif hawdd i'w daenu.
- Tra mae'r byns dal yn gynnes, brwsiwch y jam drostyn nhw. Mi fydd hyn yn rhoi sglein neis arnyn nhw.
- Wedi i'r byns oeri, cymysgwch siwgr eisin efo'r sudd lemwn i wneud eisin sydd ddim yn rhy drwchus.
- Rhowch yr eisin mewn bag peipio plastig a thorri twll bach yn un gornel.
- Diferwch yr eisin yn stribedi dros y byns i edrych fel tinsel ar goeden.
- Gosodwch y ceirios a'r cnau yma ac acw i edrych fel addurniadau.

CACEN DÊTS (*DATES*) AC AFALAU

Mi fyddai Mam yn prynu paced o ffigys a phaced o ddêts wedi'u sychu bob Dolig – a byth ar unrhyw adeg arall. Mi fydden nhw'n dod mewn bocs hir efo ffon fach blastig i chi ei defnyddio i dynnu'r ffrwythau melys o'r bocs. Rhywbeth i'r oedolion oedd y rhain, a doeddwn i na mrawd ddim yn cael eu bwyta. Dwi'n hoff o roi rhai mewn cacennau a phwdin i roi melyster tebyg i daffi iddyn nhw.

Mae'r gacen hon yn hynod syml ac yn rhywbeth handi i'w gael yn y tŷ adeg Dolig rhag ofn i chi gael ymwelwyr annisgwyl.

Cynhwysion

150g menyn

75g siwgr mân

75g siwgr brown tywyll

1 llwy de o sinamon

1 llwyaid o rinflas fanila

3 wy

200g blawd codi

125g afalau bwyta (un afal mawr neu 2 fach), wedi'u plicio a'u torri'n ddarnau bach

60g dêts (pwysau heb eu cerrig) wedi'u torri'n ddarnau bach

llond llwy o fwrdd siwgr brown (demerera)

Dull

- Cyneswch y popty i 190°C / 170°C ffan / nwy 5.
- Irwch a leiniwch dun sgwâr 20cm gyda phapur pobi.
- Curwch y menyn, y siwgr mân, y siwgr brown tywyll, y sinamon a'r fanila gyda'i gilydd mewn cymysgydd nes eu bod yn ysgafn. Ychwanegwch yr wyau, un ar y tro, gan guro'n dda ar ôl pob ychwanegiad.
- Ychwanegwch y blawd a'r powdwr pobi, a'u cymysgu'n ysgafn ond yn drwyadl.
- Ychwanegwch y darnau afal a'r dêts.
- Rhowch y gymysgedd yn y tun.
- Taenwch y siwgr demerara drosti.
- Pobwch am 45 munud neu hyd nes bod sgiwer, o'i roi yn ei chanol, yn dod allan yn lân.
- Gadewch y gacen yn y tun i oeri ychydig cyn ei thorri'n sgwariau.
- Mae hon yn neis yn gynnes neu'n oer.

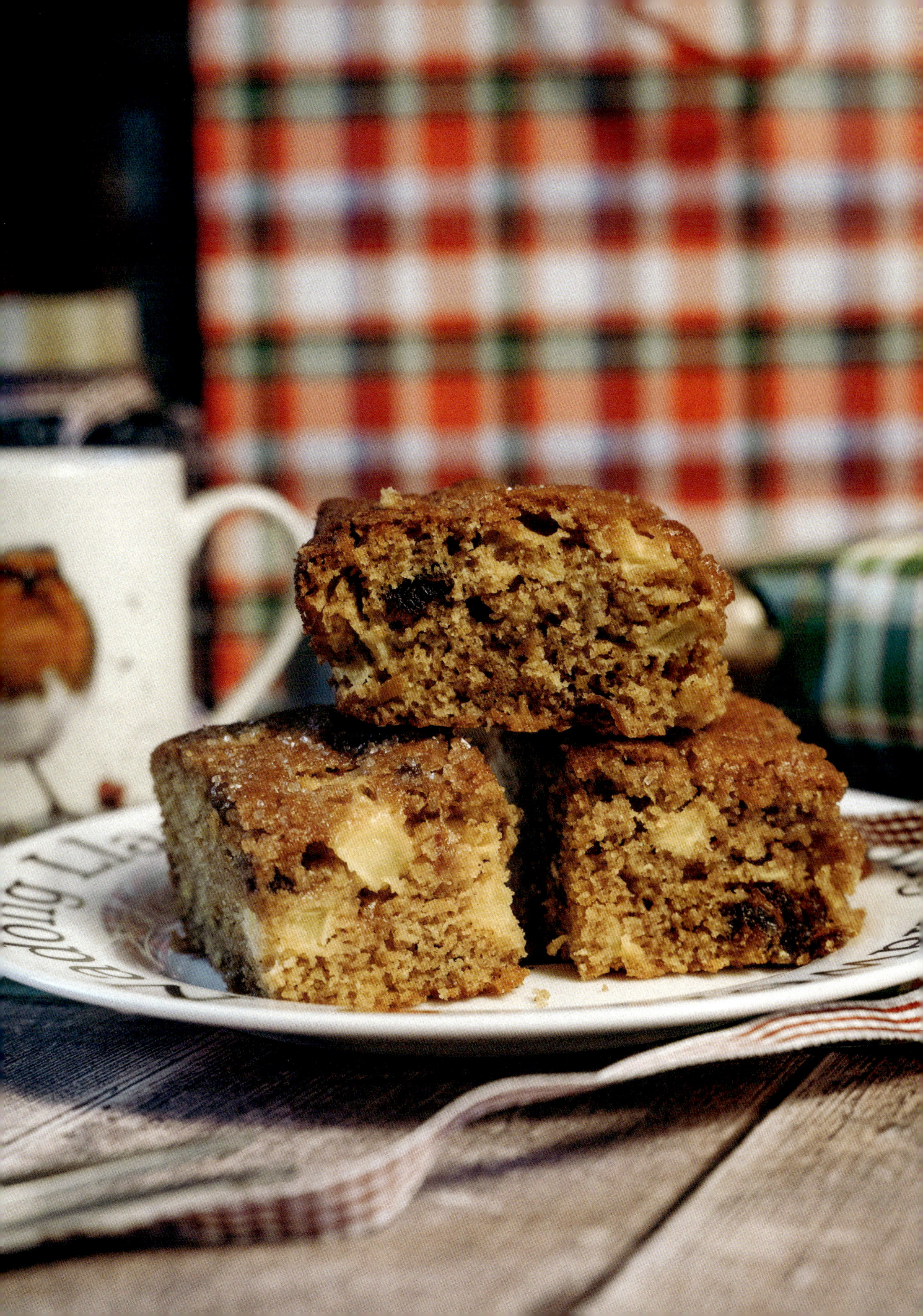

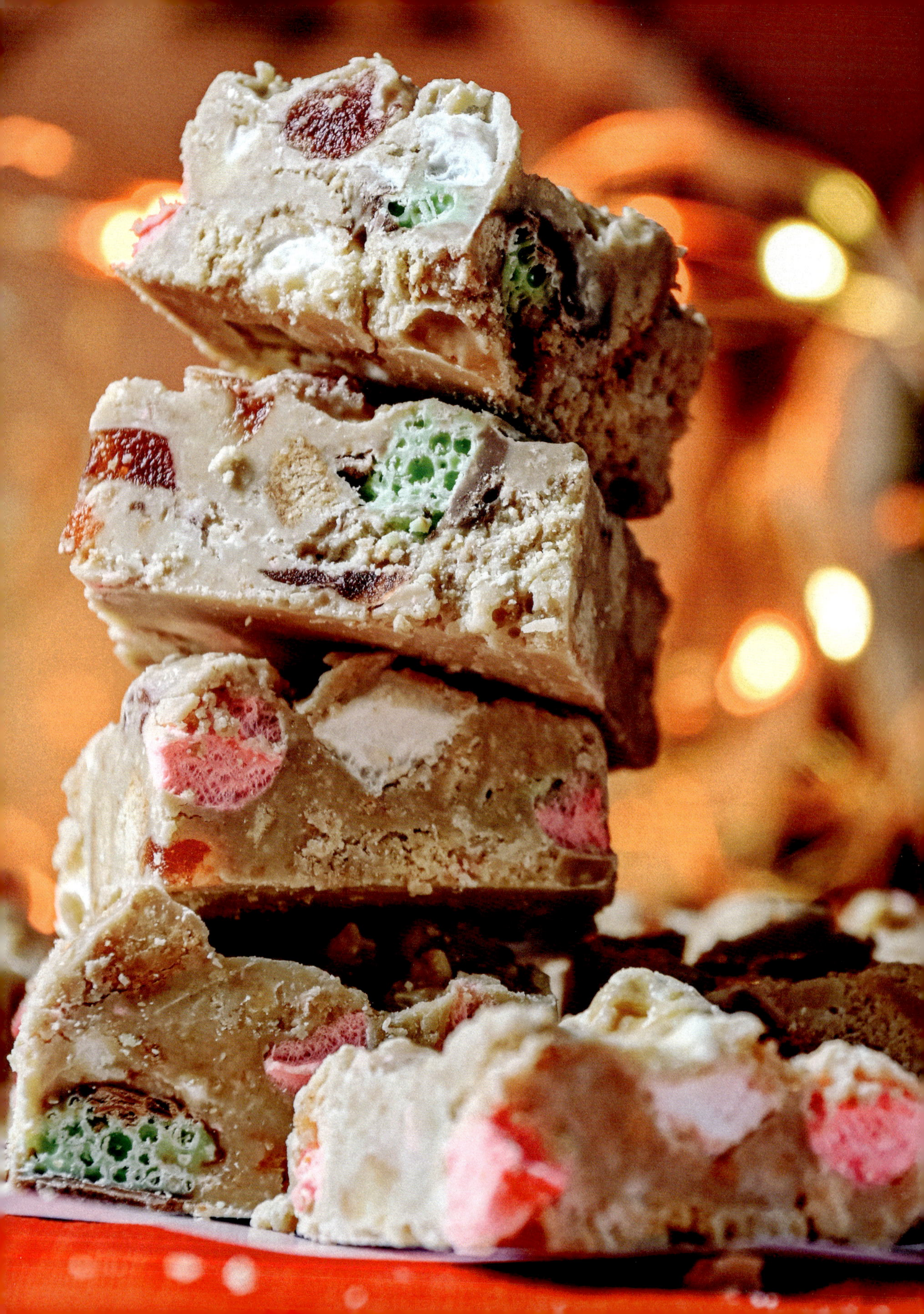

ANRHEGION BWYTADWY

TSYTNI BRICYLL A GELLYG
(APRICOT AND PEAR CHUTNEY)

Mi fydda i wrth fy modd yn derbyn anrhegion Nadolig sy'n dangos fod y rhoddwr wedi gwir feddwl am addasrwydd yr anrheg. Gwell fyth os ydi o'n rhywbeth wedi'i wneud gan y rhoddwyr, a hynny yn dangos eu bod nid yn unig wedi rhoi anrheg i mi, ond wedi rhoi o'u hamser i mi hefyd.

Cwpwl o flynyddoedd yn ôl mi dderbyniais gap gweu, llwy bren, powlen seramig efo cannwyll ynddi a darlun. Y pedair anrheg wedi'u gwneud gan y pedwar rhoddwr yn arbennig i mi, ac mi blesiodd hynny'n arw. Anrhegion bwytadwy fydda i'n eu gwneud – tsytni, jams, bisgedi, da-da, gwirod – a'r cwbwl wedi'u lapio'n ddel a'u rhoi mewn hamperi. Dwi'n meddwl fod anrheg fel hyn yn gweddu'n arbennig i bobl hŷn, sydd ddim angen fawr ddim yn newydd. Mae paratoi anrhegion bwytadwy yn rhywbeth gwych i'w wneud efo plant hefyd, yn enwedig os ydi'r ysgol wedi cau rai dyddiau cyn Dolig a bod ganddoch chi blant wedi cyffroi'n lân i'w diddanu tra byddan nhw'n disgwyl am y diwrnod mawr.

Dwi wedi cynnwys ryseitiau fy ddau hoff tsytni, sef bitrwt, ac afal a thomato, yn fy llyfr Casa Cadwaladr. *Felly, dyma i chi rysáit tsytni ychydig yn wahanol, wedi'i wneud efo bricyll ffres efo ychydig o tsili ynddo fo.*

Cynhwysion

300g bricyll (*apricots*) ffres

200g gellyg (*pears*)

80g nionyn gwyn (tua un nionyn)

30g sinsir ffres wedi'i falu'n fân

80g syltanas

1 llwy de o hadau mwstard

1 llwy de o hadau *nigella* (hadau nionyn du)

1/2 llwy de tyrmerig

1/2 llwyaid o hadau tsili (*chilli*)

1 llwy fwrdd o sudd lemwn

100g siwgr (*preserving sugar*)

170ml finegr seidr

Dull

- Torrwch y bricyll, y gellyg a'r nionyn yn ddarnau bach. Peidiwch â thorri'r ffrwythau yn rhy fach neu mi fydd eich tsytni yn debycach i saws.
- Rhowch bopeth heblaw'r siwgr mewn sosban fawr a'u coginio nes bod y nionyn a'r ffrwythau wedi meddalu.
- Ychwanegwch y siwgr a gadael iddo doddi'n araf cyn codi'r cyfan i'r berw.
- Mudferwch y tsytni nes ei fod yn drwchus, gan ofalu ei droi bob hyn a hyn rhag iddo gydio a llosgi.
- I wybod ydi o'n barod ai peidio, gwnewch ffos drwy'r tsytni gyda llwy. Os ydi'r ffos yn diflannu'n syth, berwch am chydig hirach. Mi fydd y tsytni'n barod pan fydd hi'n cymryd cwpwl o eiliadau i'r ffos ddiflannu.
- Rhowch mewn jariau wedi'u diheintio.*
- Seliwch, labelwch a'u cadw mewn cwpwrdd tywyll am dair wythnos i fis er mwyn i'r blas ddyfnhau. Mi gadwith hwn mewn cwpwrdd sych a thywyll am hyd at flwyddyn. Ar ôl ei agor, cadwch yn yr oergell a'i fwyta o fewn pedair wythnos.

*I ddiheintio jariau gwydr – un ai rhowch y jariau mewn peiriant golchi llestri ar wres uchel neu eu golchi'n dda a'u rhoi i sychu mewn popty ar wres 140°C am tua 10–15 munud.

NIONOD PICL

Fyddai platiad o gig oer neu gaws ddim yn gyflawn i mi heb nionod picl a tsytni. Mi fydda i hefyd yn hoff o nionyn picl efo tsips ac wy. A sôn am hynny, dyna i chi un peth dwi erioed wedi'i drio – wy wedi'i biclo. Dim ond mewn siopau tsips a thai tafarnau rydw i wedi sylwi arnyn nhw. Pan oeddwn i'n fyfyriwr ym mhrifysgol Aberystwyth, slawer dydd, mi fyddai'r bechgyn yn chwarae gemau yn y tai tafarn, ac un gosb i hwnnw fyddai'n colli oedd gorfod bwyta tri wy wedi'u piclo. Roedd gweld eu hymateb yn ddigon i nhroi oddi wrth wyau wedi'u piclo am byth!

Mae yna dipyn o gic yn y nionod yma, felly gwyliwch rhag iddyn nhw eich brathu chi'n ôl! Os nad ydach chi'n or-hoff o gic sbeis, yna peidiwch â defnyddio'r sbeisys.

I wneud 1 jar fawr

Cynhwysion

500g nionod bach

halen

400ml finegr

1 llond llwy fwrdd o fêl clir

1 llwy de o sbeisys piclo (cymysgedd o hadau mwstard, *chilli flakes*, pupur du, hadau coriander a deilen lawryf wedi'i sychu)

sprigyn neu ddau o deim, os oes peth ar gael

1 jar Kilner fawr wedi'i diheintio*

*I ddiheintio jariau gwydr – un ai rhowch y jariau mewn peiriant golchi llestri ar wres uchel neu eu golchi'n dda a'u rhoi i sychu mewn popty ar wres 140°C am tua 10–15 munud.

Dull

- Rhowch y nionod mewn powlen o ddŵr berw am ryw funud; fe ddylai hyn helpu'r croen i ddod i ffwrdd yn hawdd.
- Gwagiwch nhw i ridyll a'u rhoi yn ôl yn y bowlen efo dŵr oer drostyn nhw.
- Pliciwch y nionod (Dwi wedi sylwi mod i'n llai tebygol o grio wrth wneud hyn os dwi'n gwisgo sbectol. Felly, os nad ydach chi'n gwisgo sbectol, gwisgwch eich sbectol haul!).
- Rhowch y nionod yn ôl yn y bowlen a rhoi haenen o halen drostynt a'u gadael dros nos.
- Y diwrnod canlynol, rinsiwch y nionod yn dda.
- Rhowch y finegr, y mêl a'r sbeisys mewn sosban a'u cynhesu ar dymheredd cymedrol hyd nes bod y mêl wedi toddi. Peidiwch â'i godi i'r berw.
- Gadewch i'r finegr oeri (Gallwch ei hidlo i gael gwared o'r sbeisys os nad ydach chi am gael nionod picl sy'n eich brathu chi yn ôl!).
- Rhowch y nionod yn y jar a thywallt y finegr drostyn nhw.
- Caewch y caead yn syth a labelu'r jar.
- Cadwch mewn cwpwrdd am o leia chwe wythnos cyn eu bwyta.

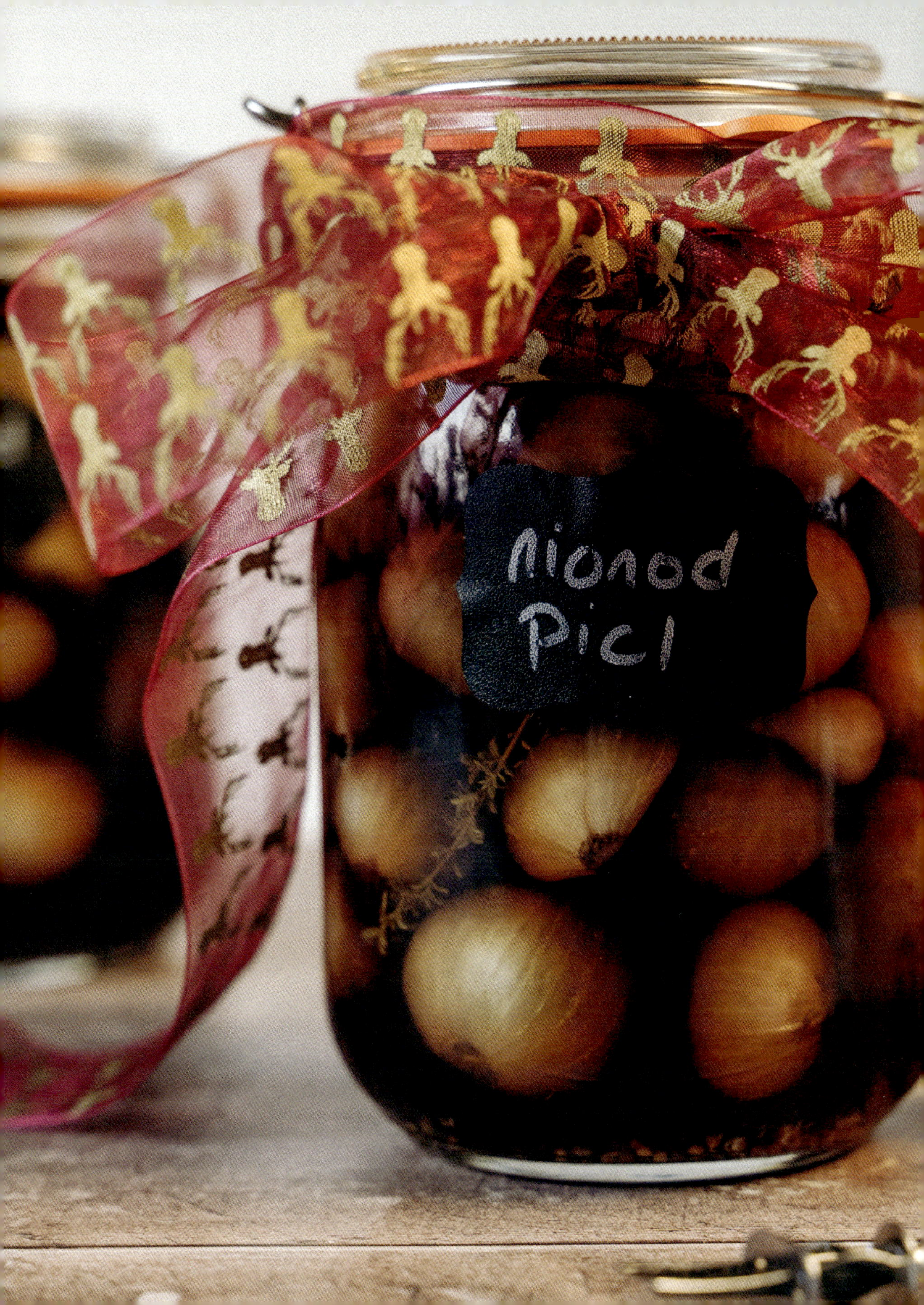
Nionod Picl

BRIWFWYD (MINCEMEAT) ALMONAU AC OREN

Mae'r enw mincemeat yn gamarweiniol achos does dim cig i'w gael yn y peis bach melys sy'n rhan mor annatod o'r Nadolig. Ond nid felly yr oedd hi erstalwm. Mae mins peis yn deillio o'r bymthegfed ganrif, ac mae'r ryseitiau cynnar sydd wedi goroesi yn dangos fod cig yn arfer bod ymhlith y ffrwythau sych, y sbeisys a'r finegr neu'r gwin. Dros y blynyddoedd fe newidiwyd y finegr neu'r gwin yn frandi neu seidr, ac erbyn canol y bedwaredd ganrif ar bymtheg dechreuwyd defnyddio afalau yn hytrach na chig, ac roedd yr arfer o ddefnyddio cig wedi diflannu'n llwyr erbyn yr ugeinfed ganrif.

Mae siwed wedi'i wneud o fraster cig eidion yn dal i gael ei ddefnyddio, fodd bynnag, ond yn y rysáit yma dwi wedi defnyddio siwed llysieuol. Mi fedrwch hefyd ddefnyddio menyn wedi'i gratio yn syth o'r oergell. Dwi wedi ychwanegu almonau a gwirod almonau, ynghyd ag oren. Mae o mor hawdd i'w wneud ac, yn fy marn i, yn llawer neisiach na'r jariau gewch chi o'r siop. O'i roi mewn jariau efo labeli deniadol, mae'n gwneud anrheg werth chweil i'w rhoi mewn hamper.

Digon i wneud 3 llond jar

Cynhwysion

150g cyrens

150g resins

100g syltanas

100g candi pîl (*mixed candied peel*)

80g almonau (*flaked almonds*), gallwch dorri'r rhain yn llai os mynnwch

croen a sudd 1 oren

75g siwed llysieuol

200g siwgr brown meddal (golau neu dywyll)

1 llond llwy de o sinamon

1 llond llwy de o sbeis cymysg

100ml gwirod almonau (*almond liqueur* fel Amaretto neu Disarono)

Dull

- Cymysgwch bopeth heblaw'r alcohol mewn sosban fawr.
- Rhowch y sosban ar wres isel a gadael i'r siwgr a'r siwed doddi'n araf gan droi'r gymysgedd yn gyson. Mi gymrith hyn tua 20–25 munud.
- Gadewch i'r gymysgedd oeri cyn ychwanegu'r alcohol a'i droi'n dda.
- Rhowch o mewn jariau sydd wedi'u diheintio.*
- Cadwch mewn cwpwrdd tywyll nes byddwch yn barod i'w ddefnyddio.

*I ddiheintio jariau gwydr – un ai rhowch y jariau mewn peiriant golchi llestri ar wres uchel neu eu golchi'n dda a'u rhoi i sychu mewn popty ar wres 140°C am tua 10–15 munud.

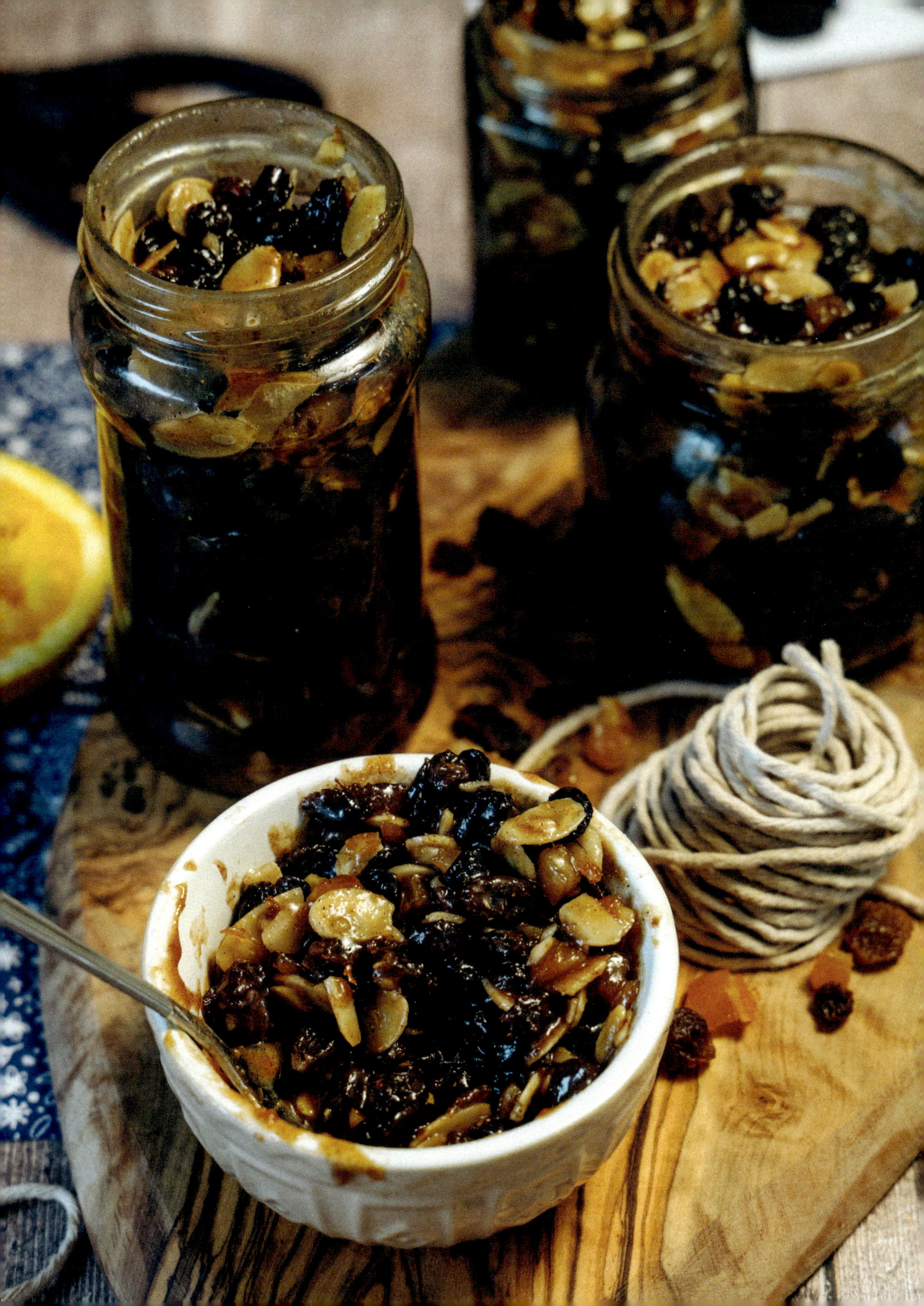

JELI MWYAR DUON

Dyma i chi un anrheg y medrwch chi ei gwneud yn ystod tymor y mwyar duon – sydd i'w gweld yn aeddfedu yn gynt bob blwyddyn – a'i chadw mewn cwpwrdd tywyll tan y Dolig. Mae'r llwyni mwyar duon yma yn Rhosgadfan wedi bod yn llwythog yn ystod y blynyddoedd diwethaf yma ac mae'n gas gen i eu gweld yn pydru. Ond dim ond hyn a hyn o grymbls a teisennau fedrith rhywun eu bwyta, felly dwi wedi bod yn gwneud jeli efo nhw. Dwi wedi'i wneud yn y ffordd draddodiadol drwy adael iddo hidlo dros nos drwy fwslin. Ond doedd yna fawr o wahaniaeth, a dweud y gwir. Mae'r ffordd yma'n gynt ac yn llai trafferthus. Mae 'na bleser rhyfedd i'w gael o weld rhes o jariau sgleiniog ar silff. Dyma i chi rywbeth arall fyddai'n dda i'w roi mewn hamper Dolig.

I wneud tua 3 jar fach neu 2 jar fawr o jeli

Cynhwysion

1kg mwyar duon wedi'u golchi'n dda

1kg siwgr jam

sudd 1 lemwn mawr neu 2 lemwn bach

*I ddiheintio jariau gwydr – un ai rhowch y jariau mewn peiriant golchi llestri ar wres uchel neu eu golchi'n dda a'u rhoi i sychu mewn popty ar wres 140°C am tua 10–15 munud.

Dull

- Rhowch y mwyar duon, ynghyd ag un llwy fwrdd fawr o ddŵr, mewn padell jam neu mewn sosban efo gwaelod trwchus.
- Rhowch gaead ar y sosban a gadael i'r mwyar stiwio nes eu bod yn feddal – tua 15–20 munud.
- Ychwanegwch y sudd lemwn a'r siwgr, a gadael i'r siwgr doddi'n araf ar wres isel gan ei droi bob hyn a hyn.
- Rhowch soser yn y rhewgell.
- Wedi i'r siwgr doddi, trowch y gwres i fyny a dewch â'r cyfan i'r berw.
- Gadewch iddo ffrwtian (*rolling boil*) nes bod y jam yn cyrraedd 105°C ar thermomedr bwyd.
- Trowch y jam yn gyson a gwyliwch rhag iddo gydio (llosgi).
- Os nad oes gennych chi thermomedr, gallwch ddweud ydi'r jam yn barod wrth ollwng llwyaid ar soser oer. Os yw'n setio ac yn crychu wrth i chi ei wthio, mae'n barod. Cofiwch dynnu'r sosban oddi ar yr hob tra byddwch chi'n gwneud hyn.
- Gwnewch yn siŵr fod gennych jwg mawr a rhidyll metel (*sieve*) mawr wrth law. Pan mae'r jeli'n barod, ewch ati'n ofalus i'w dywallt i'r rhidyll fesul chydig a'i wasgu efo llwy fetel fawr fel bod yr hylif yn mynd i'r jwg a'r hadau'n aros yn y rhidyll. Ceisiwch weithio'n gyflym achos mi fydd y jeli'n setio'n gyflym. Pan fydd gennych chi ddigon i lenwi jar, tywalltwch y jeli i'r jar (sydd wedi'i diheintio).* Gwnewch yn siŵr fod y jariau'n gynnes rhag iddyn nhw gracio, a chariwch ymlaen.
- Os ydyr'r jeli'n dechrau setio, gallwch ei roi yn ôl i gynhesu am ychydig.
- Rhowch gylchyn o bapur cwyr (*wax disc*) dros y jam cyn rhoi'r caead arno a'i labelu.
- Cadwch mewn cwpwrdd tywyll ac, ar ôl ei agor, yn yr oergell. Mi gadwith yn yr oergell am tua mis.

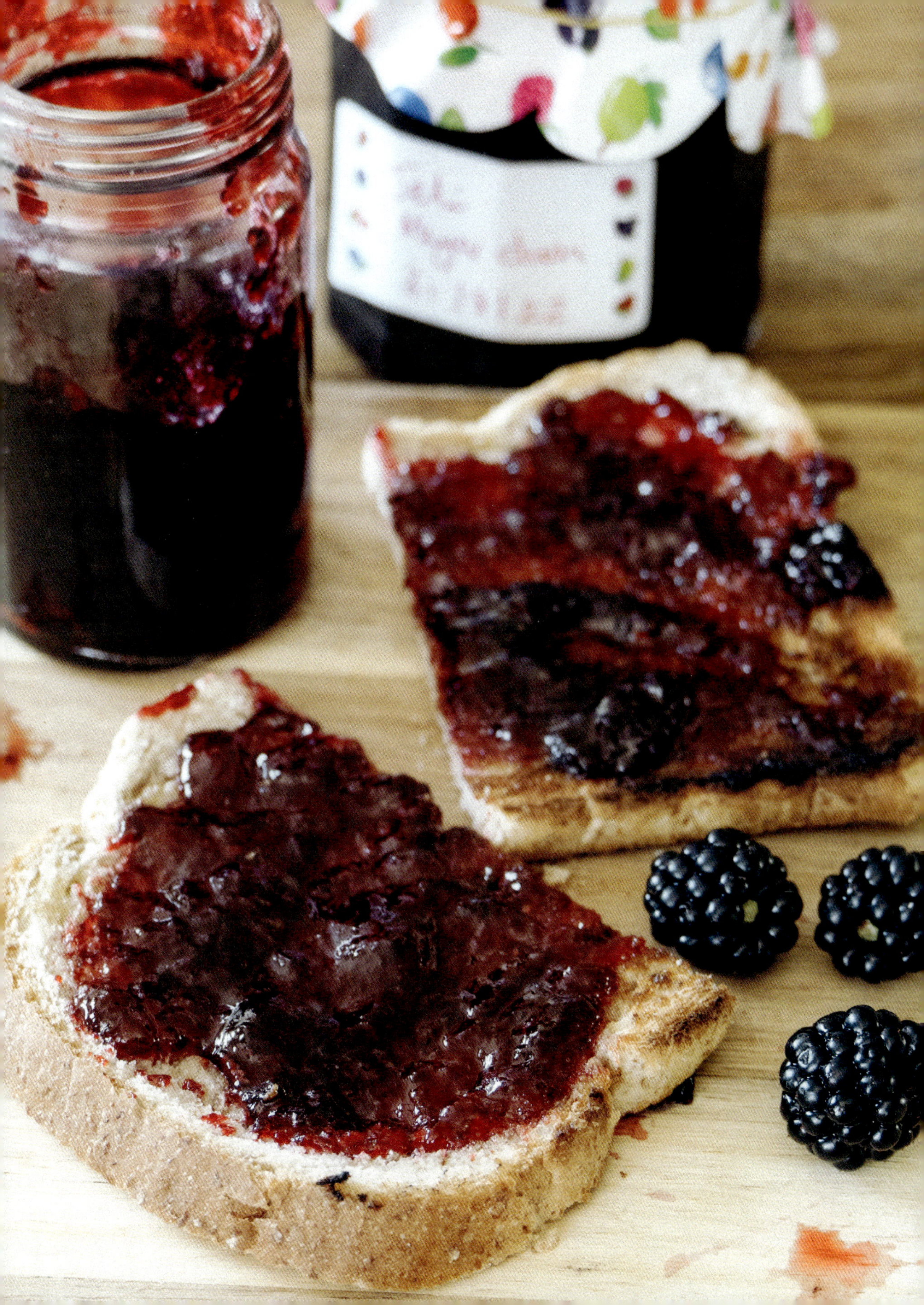

MENYN AFALAU

Ym mis Hydref 2022 mi es ar wyliau i ynys Jersey am y tro cynta, a dod ar draws un o'u ryseitiau traddodiadol – black butter – a darganfod nad oedd o'n fenyn nac yn ddu, ond yn hytrach yn frown ac yn debyg i saws afal sbeislyd. Yn y 1850au roedd yr ynys yn allforio tua 150,000 o alwyni o seidr y flwyddyn, a daeth gwneud black butter yn arferiad fel ffordd o ddefnyddio unrhyw ormodedd o afalau a seidr. Ar ôl mynd adra mi wnes chydig o ymchwil *a darganfod nad rysáit sy'n unigryw i Jersey ydi o a'i fod yn bodoli ers yr Oesoedd Canol yng ngorllewin Ewrop. Mae hefyd yn boblogaidd yn America ers canrifoedd lle mae o'n cael ei adnabod fel* apple butter. *Mae hyd yn oed Jane Austen yn cyfeirio ato mewn llythyr a ysgrifennodd yn 1808. Mae'n syndod nad oeddwn i erioed wedi clywed amdano ynghynt achos, wir – mae'n flasus!*

Mae fersiwn Jersey yn cynnwys licris, sydd ddim yn beth hawdd i'w gael. Felly dwi wedi addasu rhywfaint ar y rysáit. Gallwch fwyta hwn ar dost neu gyda chigoedd oer, neu mewn byns melys fel dwi wedi'u gwneud ar dudalen 148.

Cynhwysion

1kg afalau coginio (ar ôl tynnu darnau wedi cleisio, y goes, y pigyn ar y gwaelod a'r hadau, does dim rhaid tynnu'r croen)

500ml seidr

425g siwgr

1 llond llwy fwrdd triog du

1/4 lwy de o bowdwr clofs

1 llwy de o bupur Jamaica (*allspice*)

1 llwy de o sinamon

1 llwy de o sinsir

*I ddiheintio jariau gwydr – un ai rhowch y jariau mewn peiriant golchi llestri ar wres uchel neu eu golchi'n dda a'u rhoi i sychu mewn popty ar wres 140°C am tua 10–15 munud.

Dull

- Torrwch yr afalau yn ddarnau.
- Rhowch nhw mewn sosban fawr efo gwaelod trwchus iddi.
- Tywalltwch y seidr i'r sosban a choginiwch yr afalau ar wres cymedrol nes eu bod yn hollol feddal.
- Estynnwch bowlen fawr a'i phwyso.
- Gwthiwch yr afal drwy ridyll i'r bowlen.
- Pwyswch y bowlen eto a thynnu pwysau'r bowlen o'r cyfanswm i gael pwysau'r afalau.
- Golchwch y sosban a'i rhoi yn ôl ar yr hob efo'r afal a 425g o siwgr i bob 1 litr o'r *purée* afalau, y triog a'r sbeisys.
- Toddwch y siwgr ar wres cymedrol.
- Godwch y gwres a dewch â'r cyfan i'r berw.
- Gan ei droi'n gyson, rhag iddo gydio a llosgi, berwch nes ei fod wedi tewychu a chyrraedd tymheredd o 102°C ar thermomedr bwyd.
- Byddwch yn ofalus, gan gall yr afal sboncio!
- Tywalltwch i jariau sydd wedi'u diheintio (Cynheswch y jariau yn gynta rhag iddyn nhw gracio dan wres yr afalau).
- Seliwch a labelwch.
- Unwaith mae jar wedi'i hagor, cadwch hi yn yr oergell a bwyta'r cynnwys o fewn 4 wythnos.
- Mae hefyd yn bosib ei rewi mewn potiau plastig a'i gadw yn y rhewgell am flwyddyn.

BISGEDI PWDIN DOLIG

Mae gen i biti dros unrhyw un sydd ddim yn medru bwyta gwenith adeg y Nadolig, achos mae yna gymaint o ddanteithion na chawn nhw eu bwyta. Dyma i chi fisgedi bach wedi'u gwneud efo blawd gwenith yr hydd (buckwheat); does dim glwten mewn gwenith yr hydd. Maen nhw yn edrych yn debyg i bwdinau Dolig bach, ac fel y pwdin yn llawn sbeis.

I wneud tua 15

Cynhwysion

110g menyn

150g siwgr brown tywyll

1 wy wedi'i guro

2 llwy de o sbeis cymysg

170g blawd gwenith yr hydd (*buckwheat*)

1/2 llwy de o soda pobi (*bicarbonate of soda*)

100g cyrens

I addurno

200g siocled gwyn

ychydig o eisin ffondant gwyrdd a coch

Dull

- Cynheswch y popty i 180˚C / 160˚C ffan / nwy 4.
- Mewn powlen fawr, curwch y menyn a'r siwgr yn dda.
- Ychwanegwch yr wy gan ei guro'n dda.
- Ychwanegwch y blawd, y sbeis, y soda pobi a'r cyrens, a dewch â phopeth at ei gilydd efo'ch dwylo i ffurfio toes.
- Rhowch y toes yn yr oergell am hanner awr.
- Estynnwch ddau dun pobi a rhoi haen o bapur pobi ar bob un.
- Cymerwch ddarn bach o'r toes a'i rolio'n belen fach tua maint tomato bach melys (*cherry tomato*).
- Gwnewch yr un peth efo gweddill y toes, gan osod y peli bach ymhell oddi wrth ei gilydd ar y tuniau pobi. Mi fyddan nhw'n ymledu cryn dipyn.
- Pobwch am tua 12–15 munud.
- Gadewch iddyn nhw oeri.
- Toddwch y siocled mewn powlen uwchben sosbannaid o ddŵr sy'n ffrwtian. Pan fydd 75% o'r siocled wedi toddi, tynnwch y bowlen oddi ar y gwres a gadael i'r gweddill doddi yn ei wres ei hun, neu defnyddiwch y microdon.
- Rhowch y siocled ar ben pob bisged i edrych fel cwstard gwyn dros bwdin Dolig.
- Gallwch addurno efo celyn wedi'i wneud o eisin ffondant

BISGEDI CAWS

Nid pawb sydd efo dant melys, wrth gwrs. Felly dyma i chi fisged sawrus fyddai'n gweddu yn anrheg i'r rheini.

Cynhwysion

4 owns menyn

5 owns blawd plaen

1 llwy de paprica (neu bowdwr mwstard)

4 owns caws wedi'i gratio'n fân

1 wy wedi'i guro

ychydig o lefrith os oes angen

hadau sesame neu hadau *nigella* (hadau nionod du)

Dull

- Cynheswch y popty i 190°C / 170°C / nwy 5.
- Irwch dun pobi.
- Toddwch y menyn yn araf mewn sosban.
- Rhowch y menyn mewn powlen fawr ac ychwanegu'r caws a'r paprica (neu fwstard).
- Gollyngwch y blawd i fewn yn ysgafn ynghyd â digon o wy i ddod â'r gymysgedd at ei gilydd i ffurfio toes. Os oes angen, gallwch ddefnyddio ychydig o lefrith.
- Taenwch ychydig o flawd ar y bwrdd a rholio'r toes yn denau.
- Torrwch gylchoedd; os nad oes ganddoch dorrwr pwrpasol, defnyddiwch wydryn diod.
- Rhowch y cylchoedd ar y tun pobi.
- Brwsiwch weddill yr wy, os oes peth ar ôl, neu ychydig o lefrith dros bob bisgeden a thasgu'r hadau drostyn nhw.
- Pobwch am tua 12 munud nes bod y bisgedi wedi crasu.

MENYN

Os ydach chi am roi bisgedi caws yn anrheg i rywun yna beth am wneud menyn i fynd efo nhw? Mae o yn hynod hawdd i'w wneud. Mi fedrwch ychwanegu blas gwahanol i'r menyn a'i becynnu'n ddeniadol a'i roi fel anrheg ynddo ei hun – i'w ddefnyddio i'w roi ar gig, tatws, llysiau neu ar fara crystiog. Mi fedrwch chi, hefyd, ei wneud os oes ganddoch chi hufen dros ben neu os ydach chi wedi gor-chwipio eich hufen.

Mae hwn yn llawer haws i'w wneud os oes ganddoch chi beiriant cymysgu mawr (free standing mixer) ond mi rydw i wedi clywed am rai yn ei wneud drwy roi'r hufen mewn jar a'i ysgwyd ond mi fydd angen cryn dipyn o fôn braich ac amynedd i'w wneud o felly!

Mae carton 300ml o hufen dwbwl yn gwneud tua 4 owns o fenyn.

Cynhwysion
hufen dwbwl
dŵr oer
halen

Dull
- Rhowch yr hufen yn y cymysgydd a chwisgiwch. Mi fydd yn twchu ac yna o barhau i chwisgio fe fydd y menyn a'r llaeth enwyn yn gwahanu. Gwyliwch allan am hyn achos mae o'n digwydd yn sydyn (mi glywch sŵn gwahanol wrth i'r menyn wahanu o'r hylif) a diffoddwch y peiriant yn syth.
- Tynnwch y menyn allan o'r hylif. Llaeth enwyn ydi hwn ac mi fedrwch ei ddefnyddio i wneud crempogau neu sgons ysgafn, neu ei yfed.
- Rhowch y menyn mewn powlen o ddŵr oer iawn a gwasgwch yr hylif ohono.
- Gwagiwch y dŵr droeon nes ei fod yn glir.
- Curwch halen i mewn i'r menyn – chwarter llond llwy de i bob 4 owns o fenyn.
- Siapiwch y menyn i rolyn neu hirsgwar a'i lapio mewn papur pobi.
- Mi gadwith yn y ffrij am wythnos, mi fedrwch hefyd ei rewi.

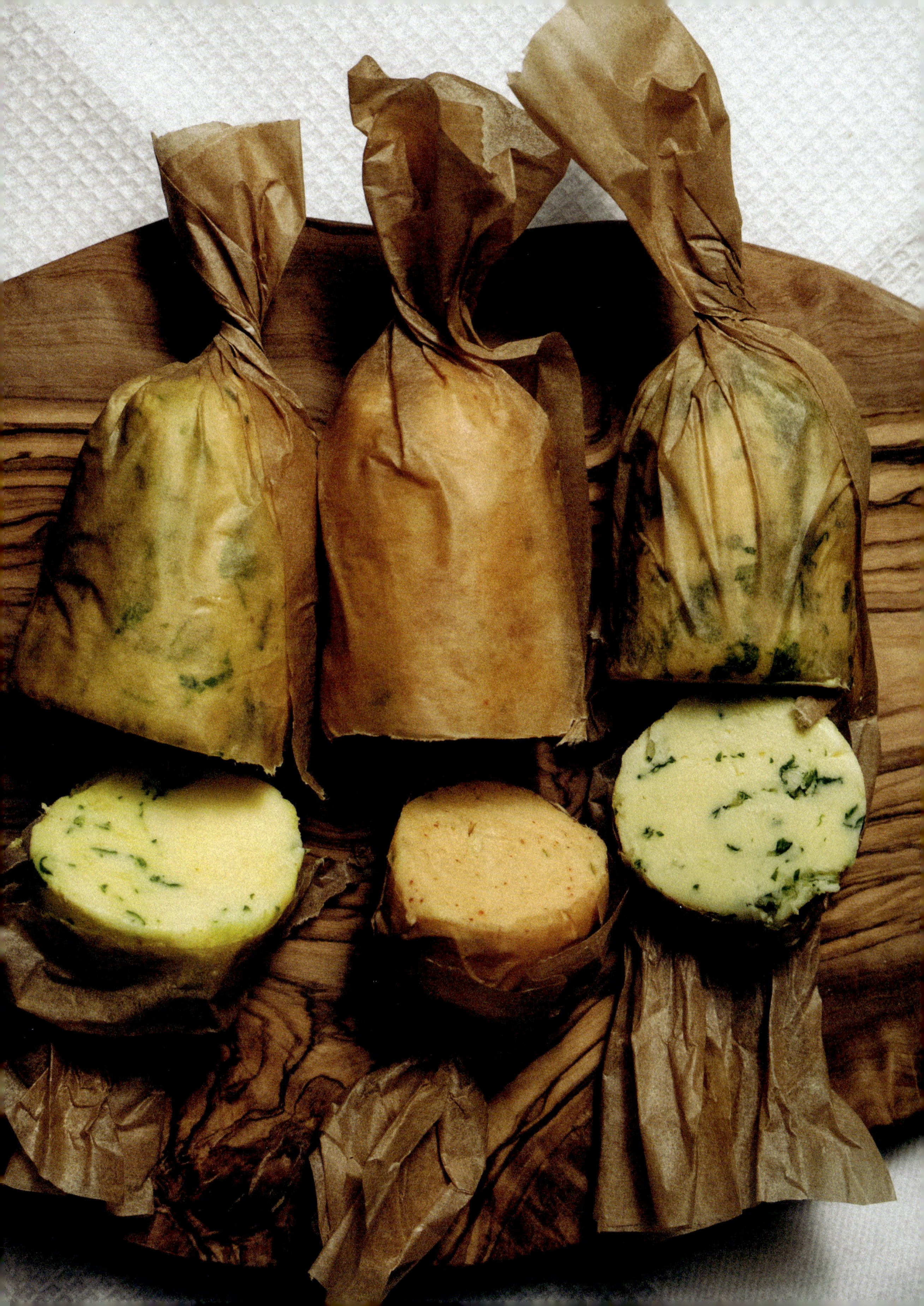

TEISENNAU BERFFRO (SHORTBREAD) SIWGR BROWN A MENYN HALLT

Yn fy llyfr ryseitiau Casa Cadwaladr mae gen i rysáit am deisennau Berffro (shortbread) yn defnyddio semolina. Erbyn hyn mae gen i rysáit newydd – y tro yma'n defnyddio reis wedi'i falu'n fân (ground rice) a siwgr brown yn lle siwgr gwyn. Roedd y cynta'n flasus ond mae hwn yn fwy blasus fyth!

Yma dwi wedi defnyddio torrwr siâp seren, ond gellir eu gwneud yn unrhyw siâp fynnwch chi. Mi fedrwch hefyd eu rholio'n dewach, ond cofiwch y byddan nhw'n cymryd yn hirach i goginio. Os oes ganddoch dorwyr maint seren, mi fedrwch rhoi haen o eisin ar bob bisged a'u gosod fel coeden, fel dwi wedi'i wneud efo Lebkuchen (tud 128).

Cynhwysion

- 4 owns menyn hallt
- 2 owns siwgr brown meddal
- 4 owns blawd plaen
- 1 1/2 owns reis mâl (ground rice)
- 2 lwyaid fawr o siwgr brown (demerera)

Dull

- Rhowch haenen o bapur pobi ar ddau dun pobi.
- Curwch y menyn a'r siwgr yn dda mewn powlen fawr.
- Hidlwch y blawd a'r reis i mewn i'r gymysgedd a dewch â fo at ei gilydd i ffurfio toes, efo llwy i ddechrau ac yna efo'ch dwylo.
- Taenwch flawd ar fwrdd a rholio'r toes yn ysgafn i drwch o tua 3mm.
- Torrwch y toes yn siapiau sêr (neu pa siâp bynnag a fynnwch).
- Yn ofalus, codwch y bisgedi efo sleis bysgod neu rywbeth tebyg (mi fyddan nhw'n reit frau) a'u gosod ar y ddau dun pobi, gan wneud yn siŵr fod digon o le rhyngddyn nhw.
- Gwnewch dyllau bach gyda fforc dros y bisgedi i gyd.
- Rhowch y tuniau yn yr oergell am tua chwarter awr.
- Cynheswch y popty i 150°C / 130°C ffan / nwy 2.
- Pobwch y bisgedi am 10–15 munud, gan wylio rhag iddyn nhw orgrasu.
- Tra maen nhw'n dal yn boeth, taenwch siwgr brown drostyn nhw.
- Gadewch iddyn nhw oeri ychydig a chaledu cyn eu tynnu oddi ar y tuniau.

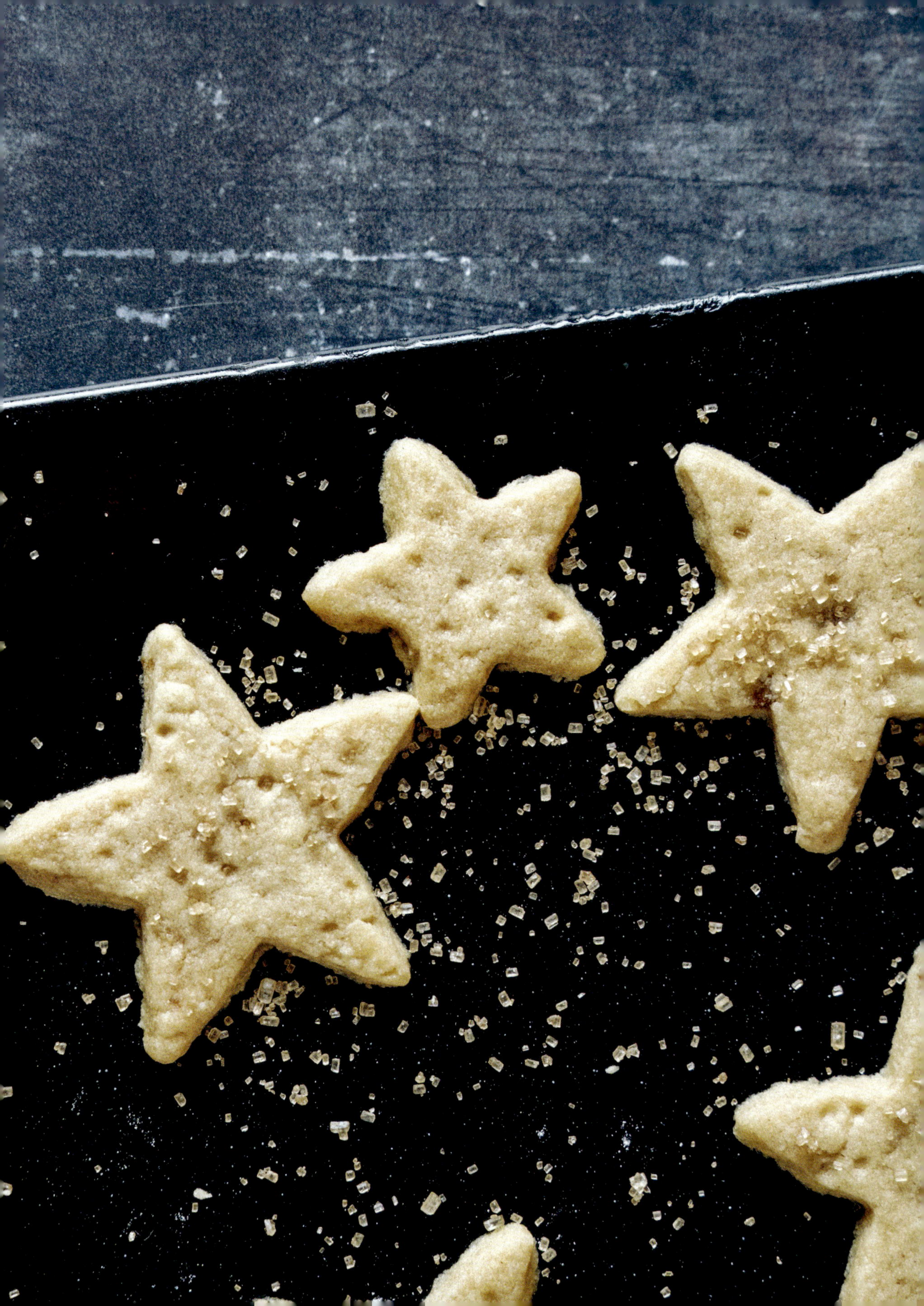

ROCKY ROAD

Fe agorodd Peris, fy ail fab, ei gaffi cynta yng Nghei Llechi Caernarfon yn ystod haf 2022. Mi ges inna fy magu mewn caffi: roedd Mam yn cadw caffi yn stafell ffrynt tŷ ni yn Llanberis o pan oeddwn i'n dair nes oeddwn i'n rhyw bedair ar ddeg oed. Fe gollon ni Mam yn 2018 ac mi fydda i'n meddwl yn aml pa mor falch fyddai hi o Peris, er dwi'n siŵr y byddai hi yno bob munud yn busnesu – rhywbeth rydw i'n trio'n galed i beidio â'i wneud! Rhywbeth arall sydd gan Peris yn gyffredin efo'i nain ydi ei ddant melys. Fy mam roddodd ei brofiad cynta o siocled iddo. Dwi'n cofio'i dal yn rhoi chocolate button gwyn iddo a fynta'n ddim ond rhyw bum mis oed, a finna mond wedi dechrau rhoi bwyd llwy iddo.

"Mam! Be' dach chi'n neud?" medda fi. "Ond sbia enjoio fo mae o!" atebodd. Ac yn wir roedd Peris yn sugno'r siocled ffwl sbid a'i lygaid wedi goleuo. Dwi'n beio Mam ei fod o'n dal yn sgut am siocled gwyn. Ei rysáit o ydi hwn. Mae'n hawdd iawn i'w wneud ac yn hwyl i'w wneud efo plant – sy'n hoffi waldio'r bariau siocled i'w malu'n fân. Mi fydd Peris yn ei dorri'n sgwariau mawr, ond mae'n well gen i ei dorri'n sgwariau llai gan ei fod mor felys. Rhowch o'n anrheg neu bwytewch o eich hun i'ch cadw i fynd yn y dyddiau prysur sy'n arwain at y Dolig.

Cynhwysion

400g siocled gwyn

60g menyn dihalen

1 llwy fwrdd o surop

150g bisgedi plaen

50g malws melys (*marshmallows*) bach

50g ceirios *glacé* wedi'u torri'n ddarnau bach

bar mawr 90g Aero mint

Dull

- Irwch a leiniwch dun pobi *brownies*.
- Rhowch y menyn a'r surop mewn sosban ar wres isel nes bod y menyn wedi toddi.
- Torrwch y siocled yn ddarnau mân drwy daro'r bariau (cyn tynnu'r papur) yn erbyn bwrdd.
- Toddwch y siocled, un ai mewn microdon neu mewn powlen wydr neu fetel uwchben sosbannaid o ddŵr sy'n mudferwi. Toddwch nes bod tua 75% ohono wedi toddi cyn diffodd y gwres a throi'r siocled efo llwy nes bod y gweddill wedi toddi yn ei wres ei hun.
- Torrwch y bisgedi'n ddarnau bach a'u rhoi mewn powlen fawr.
- Ychwanegwch y malws melys, y ceirios, y menyn a'r surop a'r siocled gwyn, a'u cymysgu'n dda.
- Torrwch y bar Aero i mewn i'r gymysgedd. Mi fydd y siocled brown yn toddi yn y gwres. Felly, drwy ei adael yn olaf i'w ychwanegu, mi fyddwch yn medru cadw mwy o'r lliw gwyn.
- Rhowch y gymysgedd yn y tun a'i roi yn yr oergell am tua 2 awr nes ei fod wedi caledu.
- Torrwch yn ddarnau a'u cadw mewn tun efo caead.

TAFFI TRIOG

Dwi'n gwneud tipyn o ffys o'r Dolig, fel ag roedd Mam, a fy nain o'i blaen. Pan o'n i'n blentyn, mi fyddan ni'n mynd i dŷ Nain am de ar Ŵyl San Steffan. Tŷ teras bach yn Twthill, Caernarfon, oedd tŷ Nain, a doedd y gegin ddim yn fawr. Gan fod Dolig yn achlysur arbennig, roedd y bwrdd gora'n cael ei symud o'r parlwr i'r ystafell fyw a lliain bwrdd yn cael ei roi drosto. Roedd Nain yn gwneud taffi triog bob Dolig a fedra i byth feddwl am daffi triog heb feddwl am Nain. Roedd ganddi forthwyl bach i dorri'r taffi ac mi fyddwn wrth fy modd yn cael ei ddefnyddio. Sipian y taffi fyddai Nhaid gan ei fod yn mynd yn sownd yn ei ddannedd gosod os oedd o'n trio'i gnoi.

Mae meddwl am ddannedd gosod Taid wedi dod ag atgof arall i mi. Roedd fy nain yn awchu am gael ci ond roedd Taid yn gwrthwynebu. Un diwrnod, fe laniodd ci yn nhŷ Nain, dwi ddim yn siŵr o ble. Fe alwodd hi o'n Sionyn. Doedd o ddim wedi bod yno'n hir pan glywyd sŵn o'r llofft un diwrnod. Aeth Nain i waelod y grisiau a gweld Sionyn yn sefyll ar dop y grisiau efo dannedd gosod Taid yn ei geg! Roedd Taid wedi'u gadael mewn gwydryn wrth ochr y gwely a'r ci wedi helpu ei hun iddyn nhw! Fuo Sionyn ddim yn byw yn nhŷ Nain yn hir wedyn. Gwyliwch chitha eich dannedd wrth fwyta hwn!

Cynhwysion

2 owns menyn
8 owns siwgr demerara
4 owns triog du
4 owns triog melyn
1 llwy de o finegr

Dull

- Irwch a leiniwch dun bach bas tua 15cm × 20cm (mi fyddai gan fy nain dun taffi pwrpasol).
- Mewn sosban fawr ac iddi waelod trwchus (rhag i'r taffi losgi) ac ar wres cymedrol, toddwch y cynhwysion a'u troi nes bod y siwgr wedi toddi'n llwyr.
- Codwch y gwres ychydig a berwch, heb droi, nes bod y taffi'n cyrraedd 145°C neu'r cam 'crac caled' – hynny yw, nes bod diferion ohono, o'i ollwng i mewn i gwpan o ddŵr oer, yn caledu ac yn gwahanu'n edau caled.
- Yn ofalus, tywalltwch i'r tun a gadael iddo galedu.
- Cyn iddo galedu'n llwyr, gallwch ei farcio yn sgwariau bach. Ond tydw i erioed wedi llwyddo i'w dorri yn sgwariau taclus!
- Wedi iddo galedu, torrwch yn ddarnau gyda morthwyl taffi neu rolbren.

CYFFUG

Os ydi poeni am eich fillings yn eich rhwystro rhag bwyta taffi, dyma i chi rywbeth blasus neith yn ei le!

Cynhwysion

175g menyn

450g siwgr mân

175g llefrith cyddwysedig (*condensed milk*)

150ml llefrith

1 llwy de o rinflas fanila

Dull

- Irwch a leinio tun 20cm × 20cm efo papur pobi.

- Rhowch y menyn a'r llefrith mewn sosban fawr efo gwaelod cadarn iddi (mi fydd y gymysgedd yn berwi'n wyllt ac yn chwyddo), a toddwch y menyn dros wres isel heb adael iddo ferwi.

- Ychwanegwch y siwgr, a gan droi'r gymysgedd, toddwch y siwgr.

- Ychwanegwch y llefrith cyddwysedig (*condensed milk*) a'i droi'n dda.

- Codwch i'r berw a berwch am tua 20–30 munud gan droi'r gymysgedd yn gyson a gwylio nad ydi hi'n cydio (llosgi) nes ei bod wedi cyrraedd 120°C ar thermomedr bwyd (*soft ball stage*). Erbyn hynny, mi fydd wedi tewychu a throi yn lliw brown golau.

- Tynnwch y sosban oddi ar yr hob, a gyda cymysgydd trydan neu lwy bren (mi fyddwch angen bôn braich!), curwch yn dda nes bod y gymysgedd wedi tewychu mwy. Gall hyn gymryd 10–15 munud efo llwy.

- Yn ofalus, gan y bydd yn dal yn boeth, tywalltwch i'r tun parod.

Gadewch iddo galedu cyn ei dorri'n sgwariau bach. (I'w dorri'n daclus, llenwch fwg efo dŵr berw a gwlychu eich cyllell yn y dŵr bob hyn a hyn.)

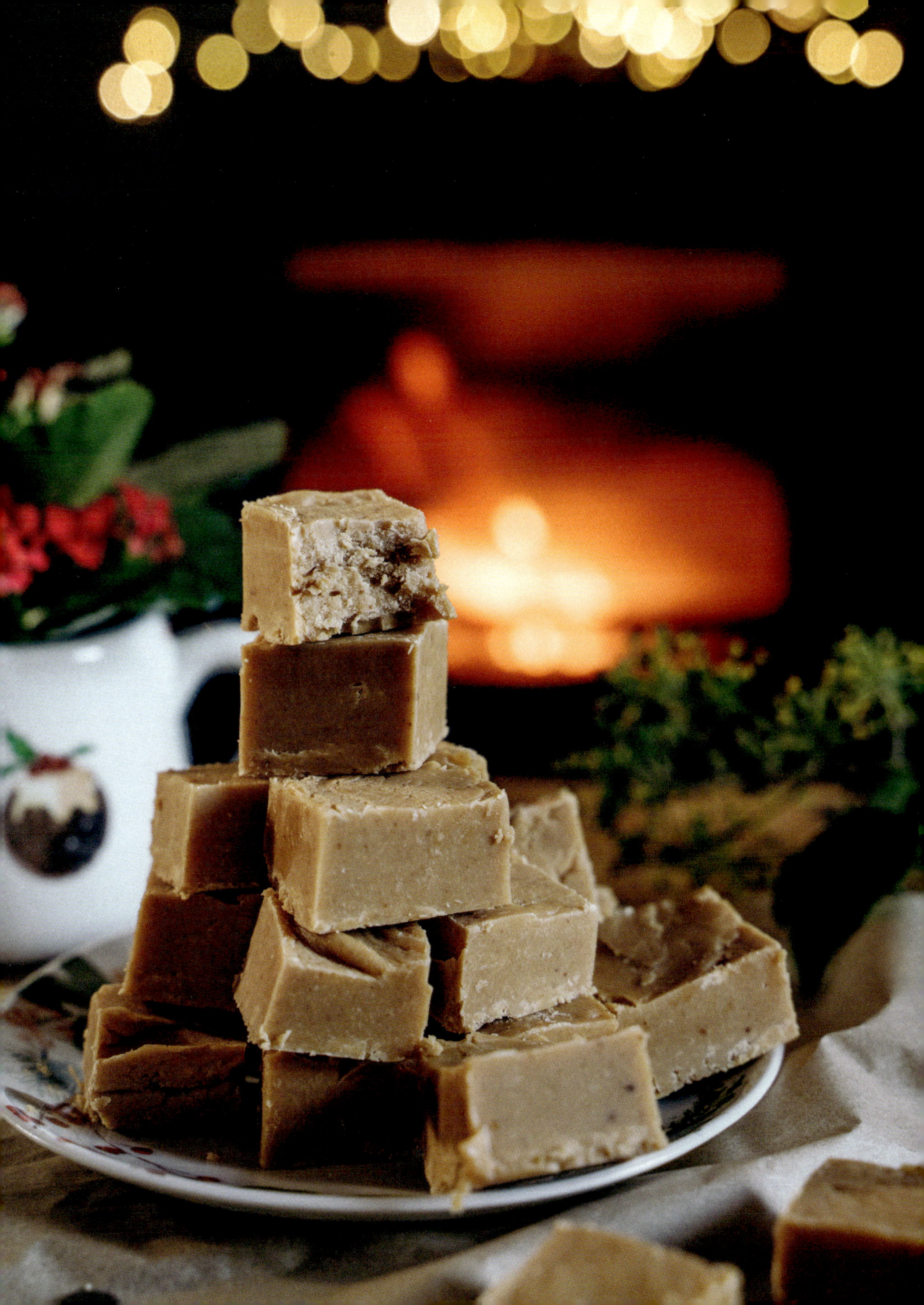

TAFFI CNAU MWNCI
(PEANUT BRITTLE)

Bob noswyl Nadolig mi fyddai fy mam yn estyn y da-da yr oedd hi wedi bod yn eu hel ers wythnosau ac yn eu gosod allan ar fwrdd bach, ond doedd wiw i ni gyffwrdd ynddyn nhw tan ddiwrnod Dolig. Roedd y rhain yn dda-da na fyddwn i byth yn eu gweld ar unrhyw adeg heblaw'r Nadolig: Orange & Lemon Slices; Newberry Fruits; Quality Street; cnau mewn taffi a siocled, a hoff dda-da fy nhad – nougat a peanut brittle. Roedd y nougat yn dod mewn bocs crand, â phob darn wedi'i lapio mewn ffoil arian. Roeddan nhw'n ddrud, medda Mam, ac felly dim ond Dad oedd yn cael eu bwyta. Dwi'n cofio mentro cymryd un yn slei ac agor y ffoil arian a gweld fod papur arall wedi'i lapio rownd y nougat. Wel, am drafferth trio cael hwnnw i ffwrdd gan ei fod wedi'i ludo'n sownd i'r da-da. Dim ond ar ôl gweld Dad yn bwyta un y dois i ddeall mai papur reis oedd o'u hamgylch, a'i bod hi'n iawn i fwyta hwnnw! Fydda Nhad byth yn medru disgwyl tan y diwrnod wedyn cyn dechrau claddu'r da-da, ac mi fyddai'n ffrae flynyddol rhyngddo a Mam am iddo wneud! Y peanut brittle fyddai un o'r rhai cynta y byddai o'n anelu amdano. Dyma rysáit sydd felly wastad yn mynd i f'atgoffa fi ohono. Rhaid bod yn ofalus wrth ei wneud achos mae adwaith y taffi i'r bicarb yn gallu bod yn ddramatig!

Cynhwysion

60g menyn

185g siwgr mân

1 llwy fwrdd o ddŵr

200g surop melyn

hanner llond llwy de o soda pobi (*bicarbonate of soda*)

200g cnau mwnci (*peanuts*) hallt

Dull

- Rhowch bapur pobi ar dun Swisrôl neu unrhyw dun pobi efo ochrau.
- Mewn sosban fawr efo gwaelod trwchus, toddwch y menyn a'r siwgr efo'r dŵr dros wres isel, gan droi'r gymysgedd yn gyson.
- Ychwanegwch y surop, a dewch â'r cyfan i'r berw yn raddol, gan ddal i droi.
- Unwaith mae o'n codi i'r berw stopiwch droi a gadael iddo ferwi nes ei fod yn cyrraedd tymheredd o 147˚C, neu pan fo llwyaid ohono'n troi yn stribedi caled cyn gynted ag y byddwch yn ei ollwng i gwpan o ddŵr oer (rhowch y dŵr yn yr oergell i oeri'n iawn). Mi fydd lliw'r taffi wedi newid i fod yn lliw ambr.
- Tynnwch y sosban oddi ar yr hob ac yn ofalus ychwanegwch y soda pobi. Mi fydd y gymysgedd yn adweithio efo'r soda pobi ac yn berwi i fyny.
- Ychwanegwch y cnau a'u troi'n dda cyn tywallt y gymysgedd yn syth ar y tun pobi.
- Gadewch iddo oeri a chaledu cyn ei dorri'n ddarnau efo morthwyl taffi neu rolbren.
- Cadwch mewn jar neu mewn tun efo caead.

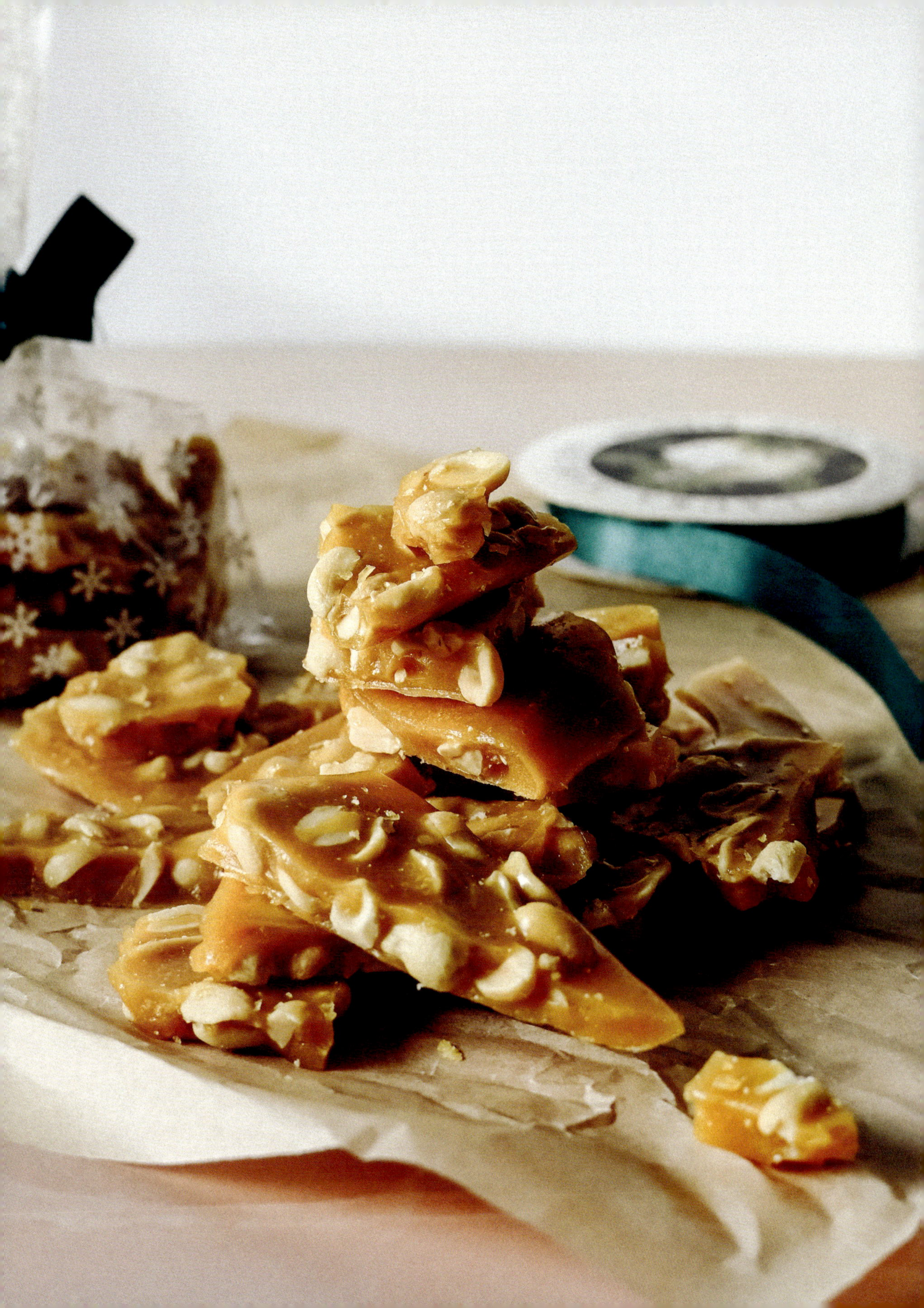

DA-DA CORNFFLÊCS A MENYN CNAU MWNCI
(PEANUT BUTTER)

Dyma i chi rysáit ychydig yn wahanol sy'n hawdd iawn i'w gwneud efo plant

I wneud tua 20 pelen

Cynhwysion

100g cornfflêcs

125g menyn cnau mwnci (*peanut butter*)

2 lond llwy fwrdd o surop masarn (*maple syrup*)

200g siocled o'ch dewis chi

powdwr coco

Dull

- Malwch y cornfflêcs yn fân mewn prosesydd bwyd a rhowch nhw mewn powlen.

- Toddwch y siocled mewn dysgl uwchben sosbannaid o ddŵr sy'n mudferwi (gnewch yn siŵr nad ydi'r bowlen yn cyffwrdd y dŵr) neu defnyddiwch ficrodon. Peidiwch â gadael i'r siocled doddi'n llwyr; gadewch i'r darnau olaf doddi yng ngwres y siocled ar ôl ei dynnu oddi ar yr hob.

- Ychwanegwch y menyn cnau mwnci a'r surop at y cornfflêcs a'u cymysgu'n dda.

- Ychwanegwch y siocled a chymysgu eto.

- Gan weithio'n sydyn, cymerwch lond llwy de o'r gymysgedd a'i rolio'n belen fechan. Gnewch yr un peth efo gweddill y gymysgedd.

- Rhowch haenen o bowdwr coco ar blât a rholio pob pelen ynddo gan ddefnyddio llwy yn hytrach na'ch bysedd.

- Gallwch eu rhoi mewn casys bach *petit fours* os mynnwch.

Gallwch ddefnyddio menyn gwahanol, fel menyn almonau neu gashiw.

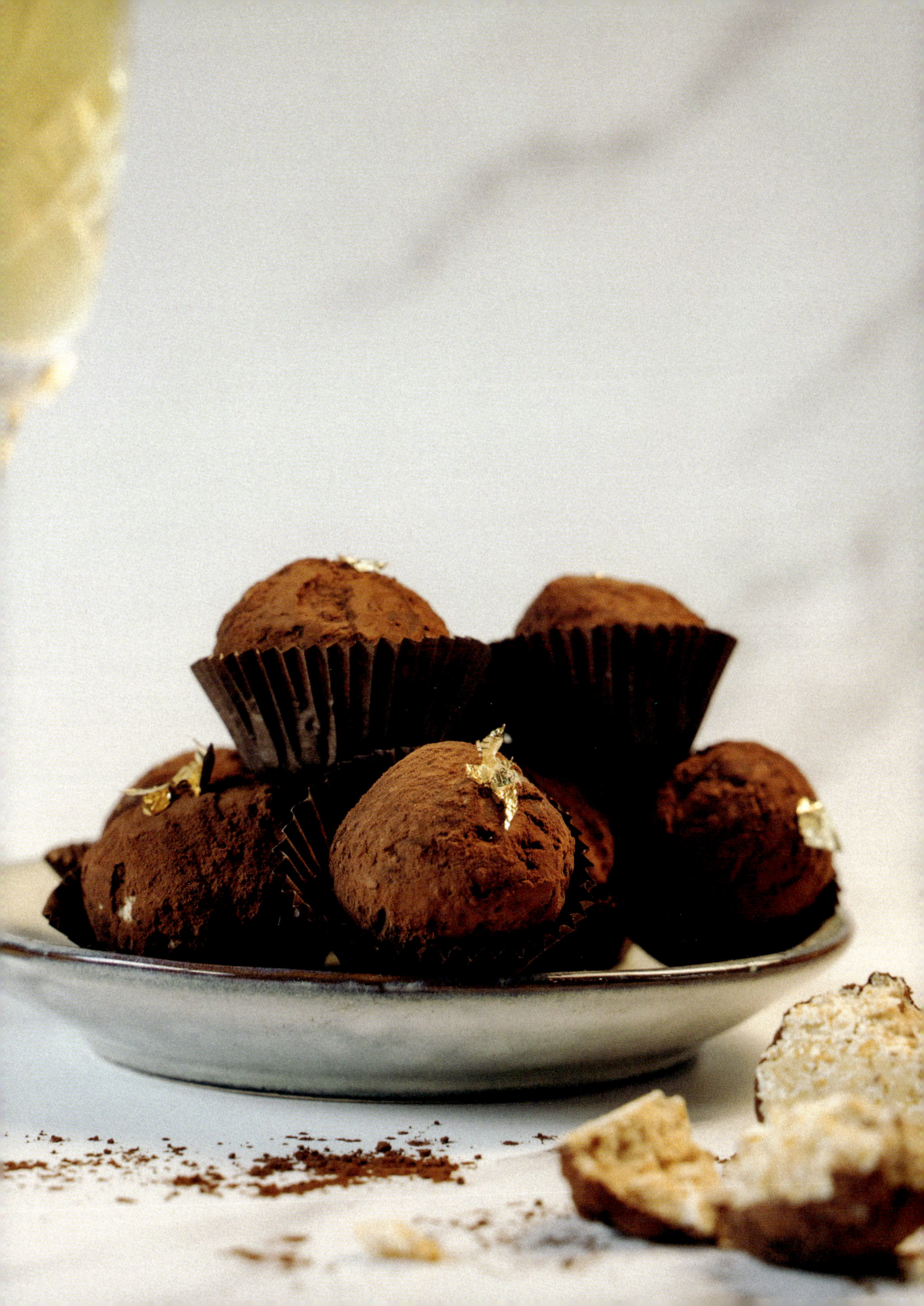

JIN EIRIN TAGU (SLOE GIN)

Mis Medi ydi tymor eirin tagu a gan fod jin eirin tagu yn cymryd tri mis i fod yn barod i'w yfed, mae'r amseru yn berffaith ar gyfer creu poteli bach lliwgar, blasus, i'w rhoi yn anrhegion Nadolig. Ond cofiwch rybuddio'r rhai sy'n ei gael fod yna dipyn o gic iddo a bod angen ei yfed yn gymedrol! Dwi'n cofio'r tro cynta i mi wneud jin eirin tagu: roeddwn i'n 24 oed a newydd briodi, ac yn byw ym Mhenrhyn-coch, ger Aberystwyth. Roeddwn i wedi gwneud ffrindia efo Anne, Gwyddeles oedd yn byw drws nesa. Un prynhawn, a'r un ohonan ni'n gweithio y diwrnod hwnnw, mi benderfynais agor y jin eirin tagu ro'n i wedi'i wneud ychydig wythnosau ynghynt – i weld oedd o'n barod i'w botelu, a gwahodd Anne draw i'w flasu. Doeddwn i ddim wedi arfer yfed jin a doedd gen i ddim syniad sut oedd ei fesur. A phan ddaeth y gŵr adra o'i waith yn disgwyl gweld ei de ar y bwrdd, fe gafodd ei groesawu gan ddwy ferch tra chwil yn dawnsio yn yr ystafell fyw ac yn chwerthin yn wirion! Mi fuo'n edliw'r peth i mi am flynyddoedd!

Mi fydda i'n rhewi'r eirin tagu ac yna'n eu dadmer cyn dechrau gwneud y jin gan fod eu croen yn haws i'w dyllu ar ôl eu rhewi.

Cynhwysion

500g eirin tagu

2 lwyaid o almonau heb eu croen (*blanched almonds*)

4 owns siwgr mân

1 litr jin

*I ddiheintio jariau gwydr – un ai rhowch y jariau mewn peiriant golchi llestri ar wres uchel neu eu golchi'n dda a'u rhoi i sychu mewn popty ar wres 140°C am tua 10–15 munud.

Dull

- Mi fyddwch angen potel neu jar fawr efo caead iddi, wedi'i diheintio.*
- Priciwch groen yr eirin tagu droeon drwy ddefnyddio nodwydd greithio (*darning needle*) neu flaen sgiwer metel.
- Rhowch yr eirin, yr almonau a'r siwgr yn y jar.
- Tywalltwch y jin drostyn nhw a chau'r caead yn dynn.
- Ysgydwch y botel yn dda i ddechrau toddi'r siwgr.
- Cadwch y botel mewn lle tywyll, sych, a'i hysgwyd unwaith y dydd am wythnos.
- Ysgydwch hi unwaith yr wythnos wedyn am dri mis. (Peidiwch â phoeni os nad ydi eich amseru yn berffaith gyson. Dwi wedi anghofio am rai dyddiau yn y gorffennol a tydi o ddim wedi gwneud llawer o wahaniaeth!)
- Tywalltwch i boteli llai (wedi'u diheintio) a'u labelu.

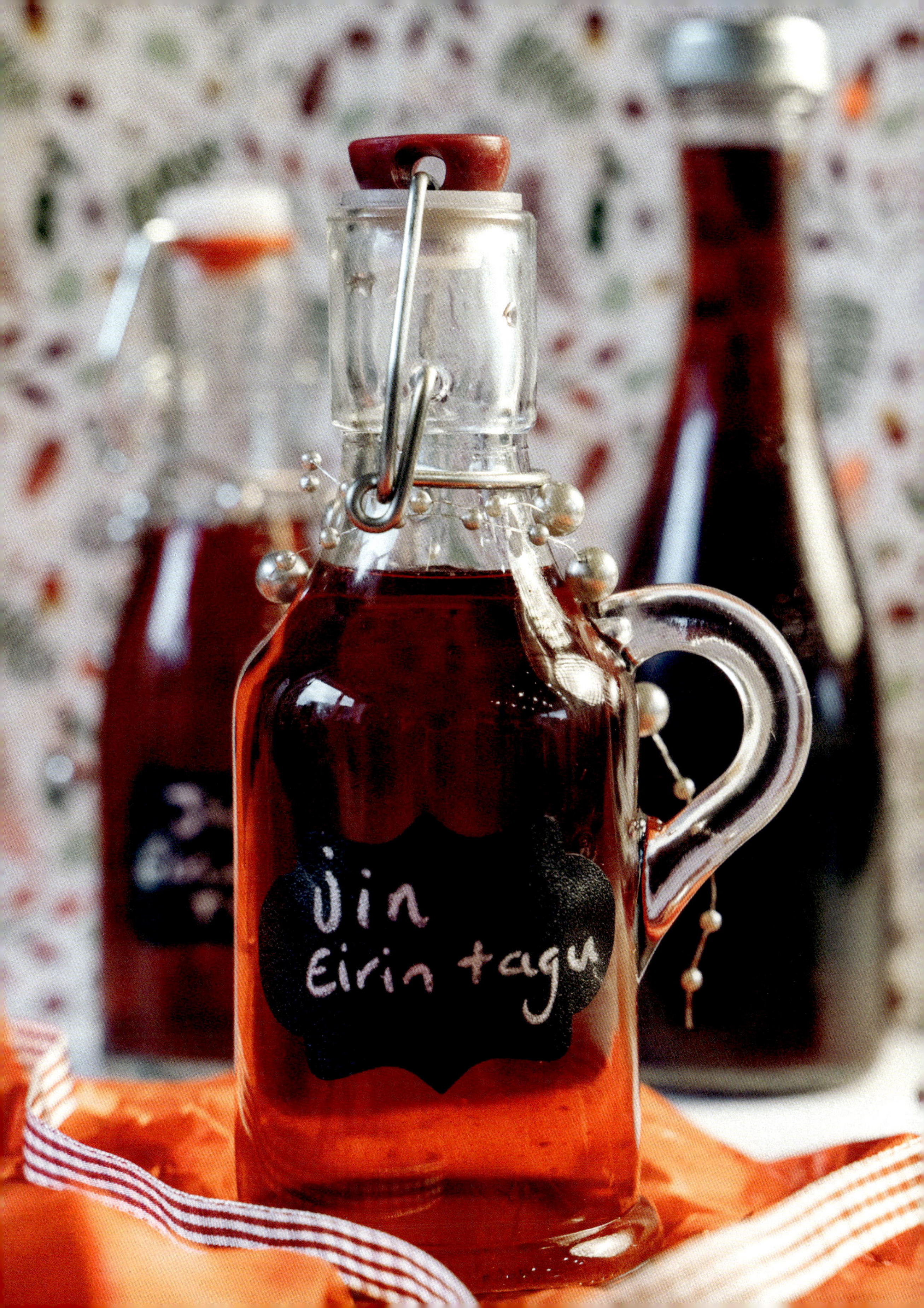
Jin
Eirin tagu

Dyma ofod i chi ysgrifennu rhai o'ch ryseitiau Dolig chi, rhag ofn iddyn nhw fynd yn angof:

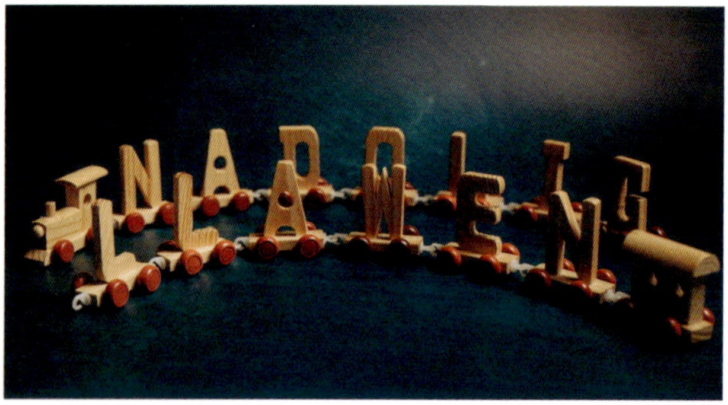

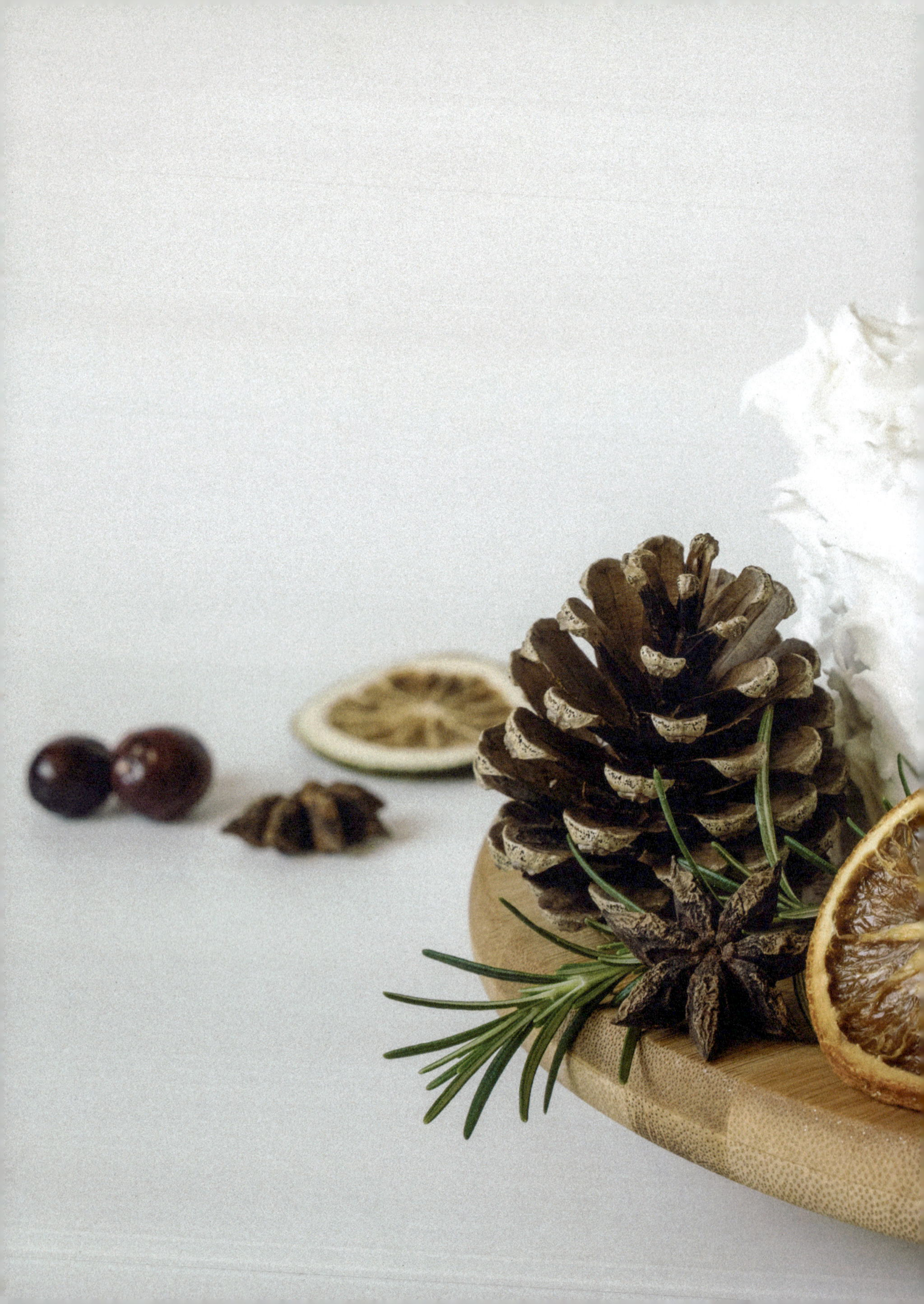